Das Glück
wohnt im Kopf

CHRISTINE WUNSCH

Das Glück
wohnt im Kopf

DAS Trainingsbuch
für mehr Glücksmomente
im Alltag

ATHESIA VERLAG

Für Hannah, Lukas, Josephine und Benedikt

Danke, dass du dich für mein Buch entschieden hast!
Mein **Dankeschön** für dich: Hol dir **gratis** unter
https://dasglueckwohntimkopfvortrag.gr8.com/
meinen Vortrag „Leben nach Wunsch: Das Glück wohnt im Kopf".
Viel Inspiration, Spaß und Herz sind dabei garantiert!

INHALT

Mit dem Glücklichsein ist es wie mit der Liebe: Je mehr man gibt, umso mehr bekommt man zurück.

WAS BEDEUTET GLÜCKLICHSEIN ÜBERHAUPT, UND WARUM SOLLTEN WIR DANACH STREBEN?

Dauerhaft glücklich zu sein, geht das überhaupt? Kommt darauf an, wie man Glück definiert, sagt die Wissenschaft, die sich bereits seit ein paar Jahrzehnten mit dem Glück als Forschungsobjekt beschäftigt.

Die Werbung möchte uns einreden, dass glückliche Menschen gut aussehen, einen tollen Partner und süße Kinder haben, mit denen sie im Garten vor ihrer Villa Brote mit einer bekannten Streichschokolade frühstücken. Glückliche Menschen machen Urlaub an Traumstränden, schreien vor Glück, wenn die Wahnsinnsschuhe aus dem Onlineshop geliefert werden, stehen finanziell sehr gut da und sind natürlich immer gut drauf, denn sie sind ja glücklich.

Doch tatsächlich nachhaltig glücklich zu sein, bedeutet etwas ganz anderes: Vielleicht meinst du, dass es ja eigentlich gar nicht notwendig wäre, „Glück" oder „Glücklichsein" offiziell zu definieren, da wir es ja schließlich merken, wenn wir es sind. Da sich die Forschung jedoch immer mehr mit den Ursachen und Auswirkungen von Glück beschäftigt, ist es doch wichtig, eine gemeinsame Definition zu haben.

Sonja Lyubomirsky, Professorin für Psychologie an der University of California, Riverside, hat in ihrem Buch „Glücklich sein – Warum Sie es in der Hand haben, zufrieden zu leben" das Glücklichsein beschrieben als „das Erleben von Freude, Zufriedenheit oder positivem Wohlbefinden, kombiniert mit dem Gefühl, dass das eigene Leben gut, bedeutsam und lohnenswert ist". Da ergibt sich dann auch gleich die nächste Frage, über die Philosophen, Wissenschaftler oder geistige Führer schon lange diskutieren: Ist ein lebenswertes Leben ein glückliches Leben oder aber ein Leben mit Sinn und Bedeutsamkeit? Und gibt es da überhaupt einen Unterschied? Keine Angst, ich will und werde dich nicht mit akademischen Diskussionen

> *Glücklichsein* ist das Erleben von Freude, Zufriedenheit oder positivem Wohlbefinden, kombiniert mit dem Gefühl, dass das eigene Leben gut, bedeutsam und lohnenswert ist.
>
> Sonja Lyubomirsky

langweilen, aber die Antwort auf diese Fragen kann uns aufzeigen, wie und wo wir unsere Energie investieren sollten, um das Leben zu leben, das wir uns wünschen.

Roy Baumeister, Psychologieprofessor an der Florida State University, führte eine Studie mit 397 Erwachsenen durch, um eben diese Fragen zu klären. Er fand dabei heraus, dass ein bedeutsames Leben und ein glückliches Leben oft Hand in Hand einhergehen – aber eben nicht immer. Seiner Meinung nach trägt ein sinnhaftes Leben dazu bei, glücklich zu sein, und glücklich zu sein, trägt dazu bei, das Leben sinnhafter zu empfinden.

Wer aber sein Glück nur im Vergnügen sucht, der ist auf dem falschen Weg zum Glück: Tatsächlich wäre ein solches Leben auf Dauer stressig, nervend und langweilig.

Wer dagegen versucht, sein Leben mit Sinn zu füllen, also z. B. anderen zu helfen oder erfüllte Beziehungen zu anderen Menschen zu führen, der wird höchstwahrscheinlich auf seinem Weg auch das Glück finden.

Aber wie wirkt sich jetzt ein glückliches Leben tatsächlich auf uns aus?

Menschen, die sich selbst als grundsätzlich glücklich beschreiben, können die Herausforderungen des Lebens leichter meistern und schneller wieder in den Alltag zurückfinden. Denn auch glückliche Menschen müssen Schwierigkeiten meistern, Schmerzen erleiden und haben Ärgernisse in ihrem Leben. Glückliche Menschen müssen auch nicht ununterbrochen fröhlich sein, im Gegenteil: Negative Gefühle gehören nun mal zu der Fülle des Lebens. Und dieses „Glück der Fülle", schreibt der deutsche Philosoph Wilhelm Schmid in seinem Buch „Glück", sei das Einzige, das dauerhaft sein kann. Doch wenn glücklichen Menschen einmal etwas Schlimmes widerfährt, bleiben sie gefasst und zuversichtlich. Sie wissen,

Glücklichen Menschen gelingt es, das Beste aus ihrem Leben herauszuholen.

dass sie nach einer gewissen Zeit der Trauer oder des Schmerzes wieder glücklich sein werden.

Glücklich zu sein bedeutet, dass die glücklichen Momente in unserem Leben eine größere Rolle spielen, dass wir in einer positiven Grundstimmung sind, Zufriedenheit, Liebe und Dankbarkeit empfinden und uns im Alltag wohlfühlen; glücklich zu sein, stärkt uns in schweren Zeiten und schenkt uns gleichzeitig die Freiheit, das Leben in vollen Zügen zu genießen!

Du bist immer noch nicht überzeugt, dass es sich auszahlt, deine Energie dafür zu verwenden, ein (noch) glückliche(re)s Leben zu leben? Dann habe ich noch ein paar weitere wissenschaftlich erwiesene Vorteile eines glücklichen Lebens für dich:

Bei glücklichen Menschen ist die Wahrscheinlichkeit größer, dass sie heiraten und auch verheiratet bleiben, sie haben einen größeren Freundeskreis und bekommen mehr soziale Unterstützung.

Glückliche Menschen sind im Vergleich zu weniger glücklichen Menschen

- geselliger und haben mehr Energie,
- spendabler und kooperativer,
- beliebter bei anderen,
- flexibler in ihrem Denken und produktiver in ihrer Arbeit,
- bessere Führungskräfte und verdienen mehr.

Denn wenn du glücklich bist, erlebst du nicht nur mehr Freude, Zufriedenheit und Liebe, sondern verbesserst auch andere Aspekte deines Lebens: dein Energielevel, dein Selbstwertgefühl und deine Beziehungen zu anderen Menschen.

Glücklich zu sein,

· schützt das Herz,
· stärkt das Immunsystem,
· bekämpft Stress bzw. sorgt dafür, dass wir uns davon schneller erholen,
· verlängert unser Leben.

In einer berühmten Studie des amerikanischen Psychologen und Autors Ed Diener zum Thema „Glück und Lebensdauer" wurden katholische Klosterfrauen gebeten, einen Aufsatz darüber zu schreiben, wie sie Jahrzehnte früher (typischerweise mit Anfang, Mitte 20) ins Kloster eingetreten waren. Die Wissenschaftler zählten die Anzahl der positiven Gefühle, die die Nonnen in ihrem Aufsatz schilderten (z. B. Fröhlichkeit, Zufriedenheit, Dankbarkeit und Liebe). Die Klosterfrauen, die in ihren Aufsätzen am glücklichsten wirkten, wurden sieben bis zehn Jahre älter als die Klosterfrauen, die in ihren Aufsätzen am unglücklichsten wirkten.

> Da es sehr förderlich für die Gesundheit ist, habe ich beschlossen, glücklich zu sein.
> Voltaire

Du musst übrigens selbst keine Nonne oder Pater sein, um von dieser statistischen Steigerung an Lebensjahren profitieren zu können!

Darüber hinaus haben nicht nur wir selbst etwas davon, glücklich zu sein, sondern auch unser Partner, unsere Familie und unser Umfeld. Ob wir uns als glücklich empfinden, hängt jedoch allein von uns ab – was wir dafür tun können, das schauen wir uns in den nächsten Tagen an.

Du wirst im Außen nichts finden, was dir innen fehlt.

MACHEN GELD, KINDER UND PARTNER UNS GLÜCKLICH?

Wenn es um die Frage geht, was uns glücklich macht, fallen bei den meisten von uns als Erstes folgende drei Begriffe: Geld, Kinder und Partner. Ob das tatsächlich so ist, wollen wir uns in diesem Kapitel etwas genauer anschauen!

Zunächst zum Geld: Glaubst du, dass es glücklich macht?
Ja, ich hör dich schon: „Nein, Geld macht nicht glücklich, viel wichtiger sind die Gesundheit, die Familie, die Freude, der Glaube …" oder was auch immer. Das sind zwar alles sehr löbliche Ansätze, trotzdem macht

> Es bedeutet mir nichts, der reichste Mann auf dem Friedhof zu sein. Abends ins Bett zu gehen und zu sagen, wir haben etwas Wunderbares geschaffen, das bedeutet mir etwas.
> Steve Jobs

Geld uns doch sehr glücklich. Vor allem bei den Menschen, die zunächst kein oder sehr wenig Geld hatten, macht mehr Geld einen sehr großen Unterschied im Glückslevel, da steigt die Glückskurve rasant an. Und es gibt auf dieser Glückskurve auch keinen Punkt, ab dem noch mehr Geld unglücklich machen würde. Es ist aber tatsächlich so, dass die Kurve sich abflacht – nie ganz, aber fast geradlinig weiter verläuft. Und zwar laut Angus Deaton und Daniel Kahnemann, Nobelpreisträgern für Wirtschaft, bei einem Einkommen von circa 61.000 Euro brutto pro Jahr. Das ist natürlich immer noch ein sehr schönes Einkommen, das viele von uns nicht haben – es ist aber auch nicht das Einkommen in Millionenhöhe, welches man vielleicht an dieser Stelle erwarten würde.

Geld macht also glücklich, wenn man zunächst wenig davon hat. Sobald eine gewisse „luxuriöse Grundversorgung" gesichert ist, ich mir also keine Sorgen machen muss, ob ich meine Rechnungen bezahlen und mir den ein oder anderen Luxus leisten kann, ohne jahrelang darauf sparen oder auf etwas anderes verzichten zu müssen, ändert sich dies. Dann bringt mehr Geld keinen entsprechenden Zuwachs an Glück.

Warum ist das so?

Zum einen bekommen wir eben nicht alles für Geld. Keiner kann sich davon Gesundheit, Liebe oder einen Sinn im Leben kaufen. Darüber hinaus wirkt sich unsere materielle Situation erwiesenermaßen tatsächlich nur zu zehn Prozent auf unser Glücksempfinden aus. Wer arm unglücklich war, wird es reich also höchstwahrscheinlich auch sein: Wir nehmen unsere Probleme und unseren Charakter mit. Nur sorgen wir uns dann womöglich auf höherem Niveau.

Zum anderen neigen wir Menschen einfach dazu zu vergleichen, und es wird immer jemanden geben, der mehr Geld hat als wir. Dazu kommen wir an Tag 25 und 26 nochmal.

Ein weiterer einfacher Grund ist auch die Gewöhnung: Sind wir den besseren Lebensstil einmal gewöhnt, verfliegt der Reiz des Neuen sehr schnell und wird wieder zu einem Alltag, der nicht unbedingt Glücksgefühle verschafft.

Geld kann allerdings dann durchaus nachhaltig glücklich machen, wenn wir statt materieller Güter Erlebnisse kaufen. Also einen tollen Urlaub machen oder z. B. eine große Feier mit Familie und Freunden organisieren. Von den Erinnerungen an diese Erlebnisse können Sie noch lange zehren.

Geld macht durchaus glücklich, wenn wir es richtig verwenden.

Geld macht auch dann glücklich, wenn wir es für andere ausgeben – auch dazu kommen wir noch in einem späteren Kapitel.

Und wie sieht es mit den Kindern aus?

Nun, wenn man sich Paare ohne Kinder, Paare mit älteren bzw. erwachsenen Kindern und Paare mit noch kleinen Kindern, die also noch zu Hause wohnen, ansieht, sagt uns die objektive Statistik, dass die Paare mit kleinen Kindern am unglücklichsten sind, gefolgt von den Paaren mit Kindern, während Paare ohne Kinder im unmittelbaren Vergleich am glücklichsten seien.

Da hat doch mal wieder jemand eine Statistik gefälscht, sagt da sofort unser Gefühl als Eltern – oder? Das kann doch nicht stimmen! Aber unser Gefühl trügt: Denn wenn man objektiv vergleicht, wie oft am Tag Paare ohne Kinder lächeln und entspannte Momente erleben, schneiden Eltern deutlich schlechter ab. Sie haben mehr Sorgen, mehr Stress, weniger Schlaf, weniger Zeit für sich.

Trotzdem sagt uns unser Gefühl etwas anderes, weil uns Kinder die ganz großen Glücksmomente schenken. Der normale Alltag von Eltern ist anstrengend und besteht zum Großteil aus Sätzen wie „Lass das bitte … hör auf deine Schwester zu schlagen … nein, wir kaufen das jetzt nicht …"

Was aber Kinder tun, ist, uns diese ganz besonderen Momente zu schenken, in denen uns das Herz übergeht: Beispielsweise wenn sie sich an uns kuscheln und uns sagen, dass wir ihre Lieblingsmama sind. Da unser Gehirn relativ einfach gestrickt ist, bleiben uns genau diese Höhepunkte stärker in Erinnerung als der Gleichklang. Es sind auch diese selteneren, aber großen Glücksmomente, für die wir Eltern den oft so anstrengenden Alltag gerne in Kauf nehmen.

Liebevolle Kinderkommentare berühren unser Herz in unvergleichlicher Weise.

Wie groß das Glücksgefühl der Eltern ist, hängt auch von einigen anderen Faktoren ab, z. B. dem eigenen Alter. Eltern, die schon über 25 Jahre alt sind, sind generell etwas glücklicher als jüngere – einfach, weil sie selbst schon gefestigter sind, sich kompetenter und weniger gestresst fühlen. Auch der Charakter der Kinder spielt eine Rolle und selbst das eigene Geschlecht: Männer fühlen sich als Väter wohler, bei Frauen sind die Gefühle gemischter. Väter erzählen aber auch, dass sie in der Zeit, die sie mit den Kindern verbringen, mit diesen hauptsächlich spielen oder Freizeitaktivitäten nachgehen. Woraus sich schließen lässt, dass die Mütter, zumindest meistens, die ganzen anderen Aufgaben der Kinderversorgung übernehmen und schon von daher vielmehr Alltagsstress haben.

Sind die Kinder groß und schenken ihren eigenen Eltern vielleicht sogar Enkelkinder, dann machen Kinder und Enkelkinder die (Groß-)Eltern jedoch sehr glücklich. Stabile Familienbeziehungen sind etwas, was uns sehr viel Halt und Kraft gibt und damit eben auch glücklich macht.

Achtung, ich habe nicht gesagt, dass wir unsere Kinder nicht lieben! Sie machen uns nur objektiv betrachtet nicht (immer) glücklich, was auch nicht ihre Aufgabe ist, denn sie haben schon genug damit zu tun, selbst ein glückliches Leben zu leben. Vielleicht ist die Tatsache, dass wir sie dennoch bedingungslos lieben, das wirklich Wunderbare an uns Müttern und Vätern.

Und wie sieht es mit dem Partner* bzw. der Ehe aus?

Von 1991 bis 2008 wurde mit mehr als 10.000 Briten eine Studie durchgeführt, wie glücklich sie mit ihrem Leben sind. Die Wissenschaftler kamen zu dem Ergebnis, dass statistisch die Glückskurve des Paares nach der Eheschließung für ungefähr ein Jahr nach oben steigt; danach fällt sie wieder ab – bei glücklichen Ehen bleibt sie weiter oben als vor der Ehe, bei unglücklichen Ehen fällt sie tiefer nach unten.

Die Schlussfolgerung, die wir daraus ziehen können, ist, dass zwar nicht die Ehe glücklicher macht, aber glückliche Menschen eher heiraten! Ihnen fällt es auch leichter, eine glückliche Ehe zu führen, denn wer vor der Ehe glücklich war, wird auch in der Ehe eher glücklich sein. Wer ohne Partner unglücklich ist, wird auch mit Partner unglücklich sein.

Eine glückliche Beziehung hängt also zunächst mal sehr stark davon ab, wie glücklich jeder der beiden Partner für sich selbst ist. Trotzdem gibt es natürlich einige Dinge, die wir tun können, um eine glückliche(re) Beziehung zu führen: den Partner wertschätzen, zum Beispiel mich beim ihm bedanken – auch für vermeintliche Selbstverständlichkeiten –, ihm den Rücken stärken, wenn er es braucht, zwischendurch kleine liebevolle Nachrichten per SMS schicken oder einfach auf Zettel schreiben, eine Umarmung. Auch Humor hilft: miteinander Lachen, liebevolle Spitznamen füreinander haben, gegenseitiges Necken, über Streitigkeiten schnell wieder lachen …

Ein dritter Punkt ist das Verzeihen: zu verstehen, dass wir alle Fehler haben und kleine Unstimmigkeiten einfach wieder vergessen zu können.

---

* Wenn ich vom Partner spreche, ist natürlich immer auch die Partnerin gemeint.

Weiter hilft es, sich immer wieder die guten Seiten des Partners bewusst zu machen: sich zu erinnern, warum man sich in ihn verliebt hat, was man an ihm toll findet und das Gefühl der großen Verliebtheit wieder zu erleben.

Und zu guter Letzt ist es für eine gute Beziehung auch unerlässlich, sich dem eigenen Partner zu öffnen, ihn in das eigene Innerste schauen zu lassen, Ängste und Befürchtungen ebenso mit ihm zu teilen wie große Freude – und umgekehrt den Partner ernst zu nehmen, wenn er sich uns öffnet.

Ist dir etwas aufgefallen: Das sind alles Dinge, die WIR selbst tun können – nicht unbedingt der Partner.

Es ist nicht die Aufgabe unseres Partners, uns glücklich zu machen, denn das können wir uns nur selbst.

Du kennst sicherlich diese Hochzeitskarten mit Sprüchen wie „Wir alle sind Engel mit nur einem Flügel, aber gemeinsam können wir fliegen". Dabei wird uns suggeriert, dass wir nur mit unserem Partner zusammen vollständig seien. Bewusst oder unbewusst erwarten wir dann auch von unserem Partner, dass er unsere Sehnsüchte erfüllt und unsere vermeintlichen Defizite ausgleicht: Doch das können wir nur selbst. Natürlich macht es uns ein Partner leichter, uns glücklich zu fühlen, wenn er uns und sich selbst liebt, wenn er gerne kommuniziert, sowohl stark als auch verletzlich ist, uns auf Händen trägt und Verantwortung übernimmt und uns unterstützt. Leider machen wir aber viel zu oft unser Glück davon abhängig, was der Partner tut oder nicht tut. Die Hoffnung jedoch, dass der andere dafür sorgen kann, dass wir uns sicher und geborgen, geliebt und verstanden fühlen, macht uns selbst zur Abhängigen und den Partner zu unserer Droge. Nichts von außen kann uns wirklich glücklich machen. Die Herausforderung ist, uns selbst wertzuschätzen und glücklich zu machen. Glücklichsein ist eine innere Entscheidung, die nur wir selbst treffen können – Tag für Tag. Und das schauen wir uns im nächsten Kapitel noch genauer an!

> *Nichts* und niemand von außen kann uns glücklich machen: Glücklichsein ist eine innere Entscheidung, die nur wir selbst treffen können.

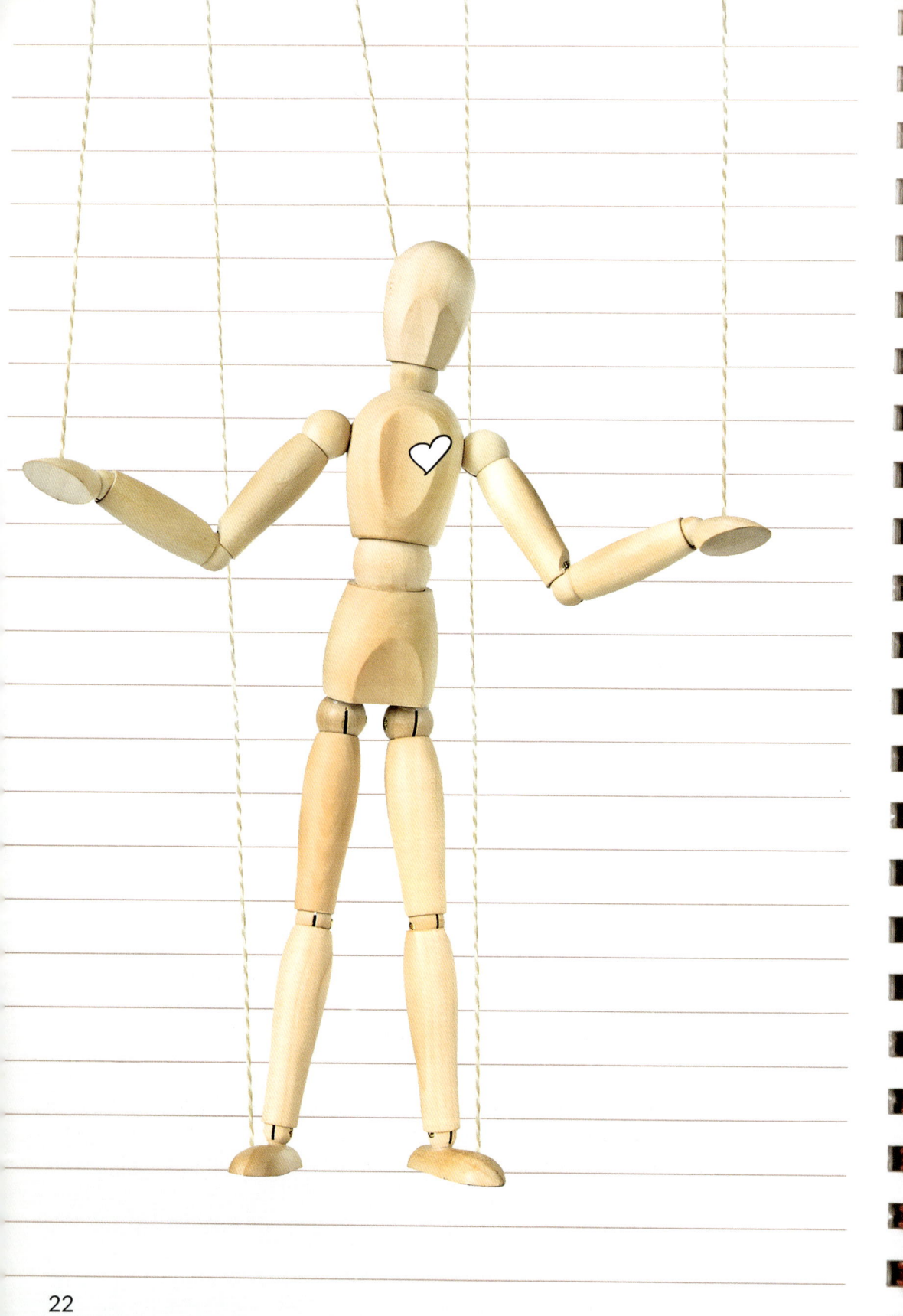

Tag **12**

KURZ UND KNAPP

· Geld macht uns so lange glücklich, bis eine „luxuriöse Grundversorgung" abgesichert ist, danach macht noch mehr Geld uns nicht noch glücklicher.

· Geld macht uns auch dann glücklich, wenn wir es einsetzen, um uns Erlebnisse zu kaufen oder um anderen damit zu helfen.

· Solange die Kinder noch klein sind, machen sie uns nicht unbedingt glücklicher, weil sie uns in unserer persönlichen Freiheit sehr einschränken. Sie schenken uns aber die großen Glücksmomente, die uns direkt ins Herz treffen.

· Sind die Kinder erwachsen oder haben auch selbst Kinder, macht uns dieser Familienzusammenhalt sehr glücklich.

· Wer vor der Beziehung/Ehe unglücklich war, wird es in der Beziehung/Ehe auch sein – wer vorher glücklich war, ist es auch in der Beziehung/Ehe.

· Es ist nicht die Aufgabe unseres Partners, uns glücklich zu machen, denn wirklich glücklich machen können wir uns nur selbst!

ÜBUNG

Körper und Geist sind untrennbar miteinander verbunden. Auch deswegen kann man sofort an der Körperhaltung eines Menschen erkennen, wie dieser sich fühlt, ob er niedergeschlagen und traurig oder fröhlich und gut gelaunt ist. Diesen Effekt können wir umgekehrt für uns nutzen: Wenn wir mal nicht so gut drauf sind, sorgt das bewusste Einnehmen einer „glücklichen Körperhaltung" für sofortige Aufmunterung.

· Stell dir im Sitzen oder Stehen vor, dass dein Kopf an einem Faden aufgehängt ist – wie der Kopf einer Marionette. Der Faden zieht dich sanft am Scheitel nach oben und hält deinen Kopf aufrecht.

Tag 1 2

- Lass deine Schultern nach hinten unten sinken und spüre, wie der Nacken den Rücken streckt, wie die Wirbelsäule dich trägt und dein Kopf auf den Schultern schwebt.

- Lass nun die Schultern noch ein wenig tiefer sinken, und lass deinen ganzen Körper von dem Faden, der deinen Kopf trägt, stabilisieren.

- Entspanne dich mit jedem Atemzug ein wenig mehr, behalte die aufrechte Position bei und bleibe mindestens eine Minute in dieser Haltung.

Fühlst du dich niedergeschlagen oder traurig, dann hilft dir die folgende Augengymnastik

- Schaue mindestens 30 Sekunden lang zur Decke, als wolltest du versuchen, deine Augenbrauen anzuschauen. Das darf ruhig ein wenig in der Augenmuskulatur ziehen.

- Lass nun deine Augen langsam nach ganz links und dann nach ganz rechts gleiten, ohne dabei den Kopf zu bewegen. Mach das zehnmal.

- Schaue anschließend zehnmal von oben nach unten, während der Kopf sich nicht bewegt.

- Beschreibe dann mit deinen Augen eine Acht – zehnmal in die eine und anschließend zehn Mal in die andere Richtung.

- Schau erst wieder zu Boden, wenn du merkst, dass es dir besser geht. Fühlst du dich noch mal traurig, dann wiederhole die Übung einfach!

Deine Aufgabe für

heute und morgen

- Wie kannst du heute und morgen etwas von deinem Geld so investieren, dass es dich glücklich macht? Tu es!

- Schreibe mindestens dreißig Eigenschaften auf, die du an jedem deiner Kinder toll findest. Was können sie besonders gut? Wofür bewunderst du sie? Welche großen Glücksmomente habt ihr gemeinsam erlebt? Wann spürst du die Liebe zu ihnen besonders stark …? Wenn du keine Kinder hast, geht diese Übung übrigens auch sehr gut mit deinen besten Freunden: Was findest du an ihnen großartig? In welchen Situationen bist du besonders dankbar, dass du sie in deinem Leben hast?

- Schreibe mindestens dreißig Dinge oder Eigenschaften auf, die du an deinem Partner toll findest. In was hast du dich als Erstes verliebt? Welche Eigenschaft an ihm schätzt du besonders? Worin ist er so ganz anders als du? Welche großen Glücksmomente habt ihr gemeinsam erlebt …?

Die meisten Menschen sind so glücklich, wie sie es sich selbst vorgenommen haben.

Abraham Lincoln

DAS GLÜCK WOHNT IM KOPF

Leider läuft es im Leben nicht immer genau so, wie man es sich vorstellt: Das Umfeld ist einem nicht immer wohlgesonnen, die Harmonie lässt oftmals zu wünschen übrig, es gibt Herausforderungen oder vielleicht sogar Schicksalsschläge, die zu meistern sind. Alles Gründe, die es vermeintlich rechtfertigen würden, nicht glücklich oder unzufrieden mit dem Leben zu sein, nämlich dann, wenn ein glückliches Leben von eben diesen Situationen oder von (nicht) eintretenden Ereignissen abhängig gemacht wird.

> **Unsere wahre Aufgabe ist es, glücklich zu sein.**
> Dalai Lama

Doch das Leben und die Welt sind nicht perfekt und werden es nie sein. Wer sein Glück also von diesen äußerlichen Dingen abhängig macht, wird nie glücklich sein. Wer aber nicht länger fordert, dass die Dinge perfekt sein sollen, kann beschließen, dass es zwar besser wäre, wenn manche Dinge anders wären, kann aber trotzdem glücklich sein. Wir können also nicht die Welt, aber unsere Denkweise ändern.

Damit sind wir bei einem ganz wichtigen Punkt. Glücklichsein ist eine innere Entscheidung: Das Glück wohnt im Kopf!

Die Frage ist: Hast du in deinem Leben mehr Spaß am Lachen oder am Weinen? Wenn du dich für Spaß und Lachen entscheidest, dann lache und hab Spaß!

Du bist da, wo du bist, und bist das, was du bist, weil du es so entschieden hast. Alles, was du für den Rest deines Lebens zustande bringst, wird einzig davon abhängen, was du tust oder unterlässt. Du allein bist verantwortlich, entscheide dich!

Die Verantwortung für das eigene Leben übernehmen

Diese Aufforderung, die Verantwortung für unser Leben zu übernehmen und aufzuhören, anderen die Schuld zu geben, ist etwas, was wohl die meisten Widerstände in uns hervorruft. Denn dafür, wo du jetzt stehst, bist dann nur du allein verantwortlich und dafür, wo du in zehn Jahren stehen wirst, ebenfalls!

Niemand ist dafür verantwortlich, welche Ereignisse oder Schicksalsschläge ihn oder sie im Leben treffen. Jeder ist jedoch dafür verantwortlich, wie er selbst darauf reagiert. Es heißt, die volle Verantwortung für das eigene Leben zu übernehmen und in Zukunft Entscheidungen zu treffen, die mit den eigenen Werten und Zielen übereinstimmen, und bewusst die aus der Entscheidung folgenden Konsequenzen in Kauf zu nehmen.

Ein gutes Beispiel dafür ist zum Beispiel die Pflege der alten Eltern oder Schwiegereltern. Eine Aufgabe, die von den Pflegenden oft Übermenschliches abverlangt und für viele sehr belastend ist. Es ist eine Leistung, die höchste Anerkennung verdient. Wer zum Beispiel seine pflegebedürftige Schwiegermutter versorgt, wird auf viele Freiheiten verzichten müssen. Ist es dann die Schuld der Schwiegermutter, wenn die Schwiegertochter nicht ihr eigenes Leben leben oder auch nur nicht in den Urlaub fahren kann? Nein! Die Schwiegertochter hat sich bewusst dafür entschieden, die Pflege zu übernehmen – vielleicht weil sie eine enge Beziehung zur Schwiegermutter hat, vielleicht weil sie keine enge Beziehung hat, es aber ihrem Mann zuliebe tun möchte, weil ihre Beziehung und ihre Familie für sie einen hohen Wert hat. Aus welchen Gründen auch immer. Sie hat sich dafür entschieden. Wenn Sie es wirklich nicht tun wollte, müsste sie es nicht tun. Sie muss aber so oder so die Konsequenzen ihrer Entscheidung tragen: Lehnt sie die Pflege ab, muss sie sich vielleicht mit ihrem Mann auseinandersetzen oder sogar einen Bruch der Beziehung in Kauf nehmen. Übernimmt sie die Pflege, muss sie die Beschränkung der Freiheit in Kauf nehmen und sich bitte Unterstützung bei der Pflege holen: Nur weil sie die Pflege übernommen hat, muss und kann sie diese nicht alleine machen. Es ist aber nicht die

Alles, was du für den Rest deines Lebens zustande bringst, wird einzig davon abhängen, was du tust oder unterlässt. Du allein bist verantwortlich.

Schuld der Schwiegermutter oder des Mannes, es war ihre eigene Entscheidung.

Meinst du, du wärst noch nicht da, wo du „eigentlich" hinwillst, weil deine Kinder / dein Partner / das Wetter / die Politik …? Nein: Du hast dich für die Kinder und den Partner entschieden, und das ist gut so! Das Wetter und die Politik wirst du (so schnell) nicht ändern, also mach das Beste daraus! Aber hör auf, anderen Menschen und Dingen die Schuld zu geben.

Besser, du übernimmst die volle Verantwortung für dein Leben und beginnst, deine Gedanken zu steuern. Was im ersten Moment vielleicht hart klingt, bringt letztlich große Freiheit, denn du allein entscheidest, wie du über eine Situation, eine Sache, einen Menschen denkst. Deine Gedanken steuern deine Worte und Gefühle, und damit entscheidest wiederum du, wie du dich in einer Situation oder mit einem Menschen fühlst.

Vielleicht denkst du dir jetzt „Ich bin aber so / ich mache mir halt Sorgen / ich habe Angst / ich bin realistisch …" Doch tatsächlich „sind" wir nicht so, sondern wir verhalten uns nur in einer bestimmten Weise. Und eine Veränderung dieses Verhaltens ist jederzeit möglich. Der „Glückspsychologe" Dr. Robert Holden hat mit einem erstaunlichen Experiment für eine BBC-Dokumentation nachgewiesen, dass wir unser Glücksempfinden ganz leicht verbessern können, wenn vorhandene Verhaltensmuster (die wir oft von Kindheit an anwenden und von unseren Eltern übernommen haben) durch neue, bessere Verhaltensmuster ersetzt werden. Die Testpersonen sollten nur drei Dinge tun:

· jeden Tag mindestens zwanzig Minuten lächeln oder lachen,
· sich jeden Tag mindestens zwanzig Minuten bewegen,
· in jedem Raum ihrer Wohnung und an ihrem Arbeitsplatz bunte Punkte aufhängen. Und immer, wenn sie einen solchen Punkt sahen, sollten sie an eine glückliche Erinnerung, ein glückliches Ereignis oder eine glückliche Aussicht denken.

Nach einem Monat gaben alle Testpersonen an, sich deutlich glücklicher zu fühlen, und auch eine durchgeführte Kernspintomografie zeigte, dass sich die Tätigkeit in dem für glückliche Gedanken und Gefühle zuständigen Teil unseres Gehirns erheblich gesteigert hatte. So sehr, dass zunächst davon ausgegangen wurde, dass der Kernspintomograf fehlerhaft sei – was jedoch nicht der Fall war. Immer noch skeptisch wurde die Untersuchung sechs Monate später nochmals durchgeführt, doch die Veränderungen im Gehirn waren immer noch zu sehen, und alle Testpersonen berichteten noch immer, sich wesentlich glücklicher als früher zu fühlen.

Willst du Opfer oder Schöpfer deiner Lebensumstände sein?

Veränderung ist immer möglich, und die Art, wie wir denken, ist wie ein Muskel, den wir trainieren können. Genau deswegen wirst du erstaunt sein, wie leicht dir deine positive Veränderung mit diesem Trainingsbuch fallen wird.

Noch mal: Das Glück wohnt im Kopf! Entscheidend ist nicht, was im Außen passiert oder was uns die Medien suggerieren. Entscheidend ist allein, was in uns vorgeht, wie wir auf die Umstände reagieren.

Tag 34

KURZ UND KNAPP

- Das Leben und die Welt sind nicht perfekt und werden es nie sein. Wir können leider nicht die Welt, aber unsere Denkweise ändern.

- Glücklichsein ist eine Entscheidung: Das Glück wohnt im Kopf!

- Willst du Opfer oder Schöpfer deiner Lebensumstände sein? Du hast es in der Hand.

- Dafür, wo du heute stehst, bist du allein verantwortlich. Übernimm die Verantwortung für dein Leben, und gewinne die Freiheit, dein Leben selbst zu gestalten.

- Wir „sind" nicht, sondern wir haben uns bestimmte Verhaltensweisen angewöhnt, die wir uns genauso wieder abtrainieren können.

- Veränderung ist immer möglich.

ÜBUNG

Mach es wie die Probanden in Dr. Holdens Experiment.

- Schreibe dir auf, wie glücklich du dich gerade fühlst. Auf einer Skala von eins bis zehn: Wo stehst du gerade?

- Lächle oder lache jeden Tag mindestens 20 Minuten.

- Bewege dich jeden Tag mindestens 20 Minuten.

- Hänge in jedem Raum deiner Wohnung und an deinem Arbeitsplatz bunte Punkte auf. Immer, wenn du einen solchen Punkt siehst, erinnere dich an ein glückliches Ereignis, oder denke an eine glückliche Aussicht.

- Frage dich nach einem Monat wieder: „Auf einer Skala von eins bis zehn, wie glücklich bin ich jetzt?"

Deine Aufgabe für

heute und morgen
Überlege dir, wo du in deinem Leben noch nicht die volle
Verantwortung übernimmst. Wem oder was gibst du noch
die Schuld für das, wo du heute stehst? Welche deiner
Entscheidungen hat dich tatsächlich dorthin gebracht?
Schreib dir alles auf.

**Wer den Tag
mit einem
Lächeln beginnt,
hat ihn bereits
gewonnen.**

Cicero

GLÜCK-QUICKIES

Verantwortung zu übernehmen heißt auch, in den Momenten, in denen die Laune nicht am besten ist, sich selbst darum zu kümmern, dass sie wieder steigt.

Das dafür beste und schnellste Mittel ist: Lächeln!
Lächeln setzt Serotonin, einen Neurotransmitter, frei, und wir fühlen uns sofort besser. Dabei muss unser Lächeln nicht mal „ernst" gemeint sein – allein die Mundwinkel nach oben zu ziehen oder einen Bleistift zwischen die Zähne zu klemmen und um die Augen ein paar „Krähenfüße" zu machen, reicht aus, um unserem Gehirn den Eindruck zu vermitteln, es gehe uns gut, und schon schüttet es Serotonin aus.
Und das Beste am Lächeln: Es wirkt nicht nur auf uns, sondern auch auf andere! Denn wenn wir gut gelaunt und glücklich auf andere zugehen, werden diese unwillkürlich ebenfalls positiv reagieren. Darüber hinaus fanden Wissenschaftler der Universität von Kansas heraus, dass Lächeln auch für unsere Gesundheit gut ist: So erholt sich unser Herz nach stressigen Situationen schneller, wenn wir lächeln.
Also, am besten, du lächelst beim Aufstehen, zu Mittag und beim Einschlafen und so oft wie möglich zwischendurch!

Warum Bewegung so guttut
Das Geheimnis eines langen Lebens sei „No sports, just whisky and cigars – kein Sport, nur Whisky und Zigarren", behauptete Winston Churchill, ehemaliger britischer Premierminister angeblich. Unabhängig davon, ob er das wirklich jemals so gesagt hat, war Winston Churchill tatsächlich mit einem langen Leben gesegnet, bezahlte für seine Bewegungsunlust aber mit schweren Depressionen im Alter. Dabei hätte Bewegung seine krankhafte Melancholie vielleicht nicht komplett verhindert, aber doch zumindest deutlich verbessert, denn es ist wissen-

schaftlich nachgewiesen, dass körperliche Tätigkeit selbst bei schwer depressiven Menschen die Laune hebt.

Doch auch auf gesunde Menschen hat Sport absolut positive Auswirkungen. Fast hundert große Studien, die in Europa und Amerika durchgeführt wurden, haben ergeben, dass regelmäßige Bewegung den Trainierenden mehr Selbstvertrauen gibt, sie weniger ängstlich und glücklicher macht – Frauen sogar noch mehr als Männer.

Bei Sportarten, bei denen man sich sehr auf Schrittfolgen oder Ähnliches konzentrieren muss, wie z. B. beim Tanzen oder Aerobic, werden wir noch stärker am Grübeln gehindert als z. B. beim Laufen oder Radfahren, trotzdem hebt sogar eintöniges Laufbandtraining die Stimmung. Doch warum wirkt Bewegung so positiv auf uns?

Zum einen schenkt uns Sport Erfolgserlebnisse, nämlich dann, wenn wir unsere sportlichen Ziele so setzen, dass wir sie auch erreichen können, zum anderen wirkt Bewegung auch direkt auf unseren Körper: Sie beschleunigt den Abbau von Stresshormonen, und Serotonin, das sogenannte Glückshormon, wird von unserem Gehirn ausgeschüttet. Wer sich bewegt, dessen Puls schlägt schneller, und seine Muskeln entspannen sich, und genau das sind auch die Reaktionen unseres Körpers, wenn es uns gut geht. Und zuletzt wirkt Bewegung auch noch direkt auf unser Gehirn ein: Sie steigert die Leistung unseres Gedächtnisses und macht uns das Lernen leichter, da sie Wachstum und Neubildung von Gehirnzellen anregt.

Sport beschleunigt den Abbau von Stresshormonen.

Singen macht glücklich

Menschen, die singen, egal ob für sich allein oder im Chor, laienhaft oder professionell, berichten oft, dass das Singen sie vom Alltagsstress entspannt, ihnen neue Energie gibt oder leichter lernen lässt. Kann das tatsächlich sein, dass Singen unser Wohlbefinden derart positiv beeinflusst? Der deutsche Musikpsychologe Dr. Karl Adamek bestätigt, dass Singen glücklich macht. In einer Studie mit mehr als fünfhundert Teil-

nehmern konnte er nachweisen, dass Singen die Produktion von körpereigenen Glücksstoffen ankurbelt, die gegen Depression und Angst helfen, Glücksgefühle erzeugen und die Lebensmotivation erhöhen. Gleichzeitig werden beim Singen jene Hormone, die uns stressanfällig machen, verringert. Dazu genügt es übrigens schon, nur ein einziges Lied zu trällern.

Dr. Karl Adamek hat ebenfalls herausgefunden, dass Singen gut für unsere Gesundheit ist, da wir dabei automatisch tiefer atmen und tiefes Atmen regt Herz und Kreislauf an, steigert das Lungenvolumen, dehnt und kräftigt die Muskulatur des Oberkörpers. Wir entspannen, und auch unsere Verdauung wird so gefördert. Die Synapsen in unserem Gehirn bilden bei regelmäßigem Gesang neue Verbindungen: Singen macht also auch noch klug.

> Wer *singen* und lachen kann, den erschreckt sein Unglück.
> Christoph Lehmann

Hast du schon mal beim Arbeiten gesungen? Wenn ja, perfekt! Denn körperliche Arbeit fällt uns ebenfalls leichter, wenn wir dazu singen. In Tests dazu konnten die Teilnehmer singend ihre Leistung um rund 130 Prozent steigern. Ein trauriges Beispiel für diesen Effekt sind die Gospelsongs der ehemaligen amerikanischen Sklaven. Ihnen halfen die Lieder zum einen dabei, die körperliche Arbeit besser zu ertragen, und zum anderen hat ihnen der Gesang wohl auch dabei geholfen, das ihnen angetane Leid auszuhalten.

Auch wer richtig glücklich ist, hat gern ein Lied auf den Lippen, um seinen guten Gefühlen Ausdruck zu verleihen. Dieser Effekt lässt sich auch umdrehen: Sind wir mal nicht so gut drauf, hilft es sofort, die Musik aufzudrehen und zu seinem Lieblingslied laut mitzuschmettern.

Und was ist mit Schokolade?

Die soll ja auch glücklich machen, das wissen wir alle. Tatsächlich stecken im Kakao auch einige Stoffe, die uns glücklich machen können – unter anderem auch das Glückshormon Serotonin. Jedoch ist die Konzentration der Glücksstoffe im Kakao so gering, dass wir Massen davon essen müssten, um einen Effekt zu spüren – vor allem von Vollmilchschokolade, die nur etwa 30 Prozent Kakao enthält.

> Nichts ist wertvoller als ein guter Freund, außer ein Freund mit Schokolade.
> Charles Dickens

Trotzdem bewirkt das Naschen von Schokolade ja tatsächlich ein Glücksgefühl. Ein Grund dafür sind die vielen Kalorien. Eine Tafel Vollmilchschokolade (100 Gramm) enthält etwa 40 Gramm Fett, 50 Gramm Zucker, neun Gramm Eiweiß und ein Gramm sonstige Bestandteile. Damit deckt eine Tafel Schokolade ein Viertel des Tagesbedarfs an Kalorien eines Erwachsenen ab. Der süße Geschmack aktiviert das Belohnungssystem im Gehirn, und wir fühlen uns gut. Schließlich sind wir auch auf Schokolade konditioniert: Schon von klein auf bekommen wir Schokolade als Belohnung oder zu besonderen Anlässen, sie weckt also einfach auch gute Erinnerungen in uns.

Schokolade macht uns also glücklich, wenn auch aus anderen Gründen als erwartet, und gesund ist sie leider auch nicht.

Sich dem Augenblick ganz hingeben, mit allen Sinnen wahrnehmen, ins Hier und Jetzt eintauchen, im Tun und Sein aufgehen, im Fluss sein.

Im „Flow" sein

Was uns dagegen tatsächlich glücklich macht, ist unseren Hobbys zu frönen. Ganz besonders guttun uns dabei die Tätigkeiten, bei denen wir im „Flow" sind:

„Flow" (englisch für „Fließen, Strömen") ist ein Begriff, der von dem Psychologen und Glücksforscher Mihály Csikszentmihály als „vollständiges Eintauchen in eine Aktivität" definiert wurde. Nach Csikszentmihály braucht es dafür vor allem Tätigkeiten,

· die gleichzeitig herausfordernd, aber auch erreichbar sein müssen,
· die unser Zeitgefühl verloren gehen lassen,
· die uns ein stetiges Gefühl der Belohnung geben,
· eine Balance zwischen unserem Können und der zu lösenden Aufgabe herstellen und
· unsere volle Konzentration auf die Tätigkeit erfordern.

Was jetzt so kompliziert klingt, ist eigentlich ganz einfach: Im Flow sind wir bei den Tätigkeiten, die uns so begeistern, dass wir komplett die Zeit und alles um uns herum vergessen. Das ist für jeden etwas anderes und kann beim Garteln, beim Stricken oder Basteln, Malen, Handwerken oder Meditieren entstehen. Wer herausfindet, was seine persönliche Flow-Tätigkeit ist, und dieser so oft wie möglich nachgeht, hat einen großen Schritt in Richtung Glück getan, denn im Flow wird unser Gehirn frei und „durchgepustet", die Alltagssorgen werden vergessen, wir sind weniger gestresst.

Neben Dingen zu tun, die uns die Zeit vergessen lassen und uns in einen Flow-Zustand bringen, macht es uns außerdem auch sehr glücklich, Neues auszuprobieren und zu lernen. Weil zu viel Vorhersehbarkeit, Alltagstrott und Langeweile uns unglücklich machen, sollte, wer lange glücklich sein möchte, immer wieder die Komfortzone des Gewohnten verlassen, um etwas Neues auszuprobieren. Wenn wir Neues erleben, dann werden die Regionen unseres Gehirns besonders aktiviert, die den Botenstoff Dopamin ausschütten, und Dopamin macht uns glücklich. Mehr dazu noch an den Tagen 27 und 28.

Glück beginnt da, wo man die Zeit vergisst.

KURZ UND KNAPP

· Lächeln macht glücklich, und es wirkt nicht nur auf uns, sondern auch auf andere.

· Bewegung beschleunigt den Abbau von Stresshormonen, und Serotonin, das sogenannte Glückshormon, wird von unserem Gehirn ausgeschüttet.

· Singen entspannt uns vom Alltagsstress und gibt neue Energie.

· Singen macht uns aufnahmefähiger und lässt uns leichter lernen.

· Wer bei körperlicher Arbeit singt, steigert seine Leistungsfähigkeit um gut 130 Prozent.

· Schokolade macht tatsächlich glücklich – nicht, weil sie so gesunde Inhaltsstoffe hätte, sondern aufgrund ihres Geschmacks und unserer kindlichen Konditionierung.

· Bei Tätigkeiten, die uns so begeistern, dass wir komplett die Zeit und alles um uns herum vergessen, sind wir im „Flow", einem Glückszustand.

· Im Flow wird unser Gehirn frei und „durchgepustet", die Alltagssorgen werden vergessen, wir sind weniger gestresst.

· Wenn wir etwas Neues, Ungewohntes oder Unbekanntes erleben oder ausprobieren, werden wir mit unseren körpereigenen Glücksbotenstoffen quasi überschwemmt.

ÜBUNG

Komfortzone verlassen: Die folgende Übung hilft dir, die Angst vor einer neuen, ungewohnten Situation zu verlieren und dich einfach mal zu trauen, etwas Neues und Ungewohntes zu tun bzw. auszuprobieren.

· Stell dir vor, was schlimmstenfalls passieren kann, wenn du das Neue oder Ungewohnte tust („worst-case-scenario"). Ist das dann wirklich so schlimm? Wenn der schlimmste Fall tatsächlich eintreten würde, was könntest du dann tun, um deine Situation zu verbessern?

- Stell dir jetzt mal vor, was alles Tolles passieren wird, wenn du dich traust („best-case-scenario"). Wie wirst du dich fühlen? Wie wird dein Umfeld reagieren? Welche wunderbaren Folgen wird das für weitere Herausforderungen haben? Frag dich immer: „Was ist das Beste, was daraus entstehen kann?"

- Überlege dir schon im Voraus, wie du dich selber belohnen wirst, wenn du das für dich Neue geschafft hast.

- Wenn dir die Herausforderung zu groß erscheint: Taste dich langsam heran. Überlege dir Zwischenschritte und bis wann du diese geschafft haben willst. Ein bisschen Druck auf dich selbst auszuüben (am besten, indem du anderen von deinem Vorhaben berichtest), macht den Schritt in die Umsetzung oft leichter.

Deine Aufgabe für

heute und morgen

Mache einfach in den nächsten beiden Tagen mal möglichst viele Dinge anders, als gewohnt:

- Steige mit einem anderen Fuß zuerst aus dem Bett.

- Trage die Uhr am anderen Handgelenk.

- Nimm am Frühstückstisch einen anderen Platz ein.

- Fahre einen neuen Weg zur Arbeit / zum Einkaufen.

- Schnappe dir ein Kochbuch und koche ein völlig neues Gericht …

Iss Schokolade und wenn du dabei glücklich bist: Informiere dein Gesicht darüber und lächle!

Du kannst nicht negativ denken und Positives erwarten.

DENK DOCH MAL POSITIV!

Dir ist in den letzten Tagen bewusst geworden, dass du dich für das Glücklichsein jeden Tag aufs Neue entscheiden darfst, und du hast in den letzten Tagen erfahren, wie leicht du dich durch Lächeln, Bewegung, Musik und Tätigkeiten, die dich den Flow erleben lassen, in eine gute Gefühlsstimmung bringen kannst. Wie ist es dir dabei ergangen? Wie schnell hast du die Wirkung gespürt?

Jetzt wollen wir uns anschauen, was uns nachhaltig und langfristig glücklich macht

Der erste Schlüssel für nachhaltiges Glücklichsein ist positives Denken und Sprechen. Ja, ich hör dich schon: „Positives Denken? Kenn ich schon, das haut mich jetzt nicht vom Hocker." Ja, stimmt, davon haben wir alle schon gehört. Aber „kennen" heißt nicht „anwenden".

Tatsächlich sind im Durchschnitt 70 Prozent der menschlichen Gedanken negativ! Ist das nicht Wahnsinn? Dabei ist es wissenschaftlich erwiesen, dass, wenn wir uns zu positiven, glücklichen Gedanken zwingen (und wie traurig ist es, wenn wir uns tatsächlich dazu „zwingen" müssen), als Folge daraus die chemischen und neurologischen Abläufe in unserem Gehirn so beeinflusst werden, dass wir uns wie von selbst immer besser fühlen.

70 Prozent unserer Gedanken sind negativ.

In unserem Gehirn befinden sich etwa hundert Milliarden Neuronen, die miteinander vernetzt sind. Die Übertragung von Informationen zwischen den Neuronen findet über elektrische Impulse statt. Die Verbindungsstelle zwischen zwei Neuronen nennt man eine Synapse. Wenn ein Neuron feuert, sendet es einen elektrischen Impuls ab. Sobald der elektrische Impuls die Synapse erreicht, werden Neurotransmitter freigesetzt, die dann an dem zweiten Neuron andocken. Damit wird ein Teil des Impulses weitergegeben. Je öfter Signale die Synapse erreichen, desto mehr Neurotransmitter werden freigesetzt. Manchmal werden sogar neue

Synapsen gebildet. Durch diesen Mechanismus wird die Verbindung zwischen den Neuronen gestärkt. Dadurch, dass nun ein größerer Teil des Impulses übertragen wird, erhöht sich auch die Wahrscheinlichkeit, dass beide Neuronen zusammen feuern.

Du kannst dir das ungefähr so vorstellen, wie wenn unser Gehirn ein Straßennetz wäre: Es gibt die Autobahnen, das sind die Gedanken, die wir regelmäßig und oft denken. Autobahnen sind breit, praktisch und schnell. Dann gibt es aber auch noch die kleinen und selten befahrenen Nebensträßchen, die manchmal etwas holprig und ungewohnt sind und die wir deshalb nicht so gerne befahren. Wenn du nun ein sehr negativer Mensch bist, stets zuerst die Probleme siehst und dir viele Sorgen machst, dann sind diese negativen Gedanken deine „Gehirnautobahn". Hast du dich nun entschieden, in Zukunft besser, das heißt positiv zu denken, zwingst du dein Gehirn quasi von der Autobahn runter auf die Nebenstraßen. Das ist am Anfang nicht so angenehm, es holpert, und wir haben das Gefühl, dass es auf der (negativen) Autobahn doch viel gemütlicher wäre. Doch dann passiert es: Je öfter wir auf der Nebenstraße fahren, umso besser wird sie ausgebaut (es werden neue Synapsen gebildet). Bei regelmäßigem Befahren und immer besserem Ausbau werden die ursprünglichen Nebenstraßen dann zu den neuen Autobahnen, während die alten, negativen Autobahnen zu kleinen, unbefahrenen Nebenstraßen verkommen. Treffen wir danach auf neue Herausforderungen, begegnen wir diesen dann automatisch auf der positiven Gedanken-Autobahn, sodass wir nach und nach von ganz allein positive Gedanken denken.

Versteh mich nicht falsch: Es geht nicht darum, die rosarote Brille aufzusetzen und bestehende Probleme oder Schwierigkeiten einfach schönzureden. Das wäre Selbstbetrug und kontraproduktiv. Es geht auch hier wieder um die Bewusstheit. Beobachte dich einmal dabei, was du den ganzen Tag so denkst. Wenn du z. B. vor einer Herausforderung stehst, denkst du dir dann „Das schaffe ich" oder „Irgendwie werde ich das schon hinkriegen" oder vielleicht sogar „Das ist herausfordernd, und ich freue mich darauf"? Oder gehörst du eher zu denjenigen, die sich denken: „Das kriege ich nicht hin, das habe ich noch nie geschafft" oder „Warum sollte ausgerechnet mir das gelingen?" oder auch „Was da alles danebengehen kann …"? Es ist ja so, dass tatsächlich niemand die Zukunft kennt und weiß, wie z. B. genau diese Herausforderung, vor der du vielleicht momentan stehst, ausgehen wird. Interessanterweise wird in unserer Gesellschaft das Ausmalen von negativen Folgen oft als „realistisch sein" anerkannt, während das Ausmalen von positiven Ergebnissen als „naiv" oder „tagträumerisch" abgewertet wird und das – noch mal –, obwohl niemand weiß, wie es tatsächlich ausgehen wird.

Jetzt denkst du dir vielleicht, was daran so schlimm ist, wenn du dir negative Konsequenzen ausmalst und dann „gewappnet" bist, falls diese tatsächlich eintreten? Nun, das Problem liegt noch eine Ebene tiefer, bei unseren Glaubenssätzen. Glaubenssätze sind Meinungen und Überzeugungen, die wir uns aus bestimmten Erlebnissen oder Erfahrungen gebildet haben oder die wir von anderen Menschen übernommen haben.

Verschiedene Studien der Gehirnforschung in den letzten Jahrzehnten haben gezeigt, dass durch das menschliche Gehirn täglich 60.000 bis 80.000 messbare Gedankenimpulse jagen. Davon sind circa 90 Prozent unbewusste Gedanken, die wir also bewusst gar nicht mitbekommen. Tatsächlich aber denken wir auch diese Gedanken, und diese unbewussten Gedanken werden wiederum zu den Glaubenssätzen, nach denen wir unser Handeln ausrichten. Jetzt liegt unsere Aufgabe eben genau darin, die negativen Glaubenssätze, die wir haben, durch positive zu ersetzen. Unsere Glaubenssätze bestimmen unser Fühlen und Denken, unser Denken bestimmt unser Sprechen, unser Sprechen bestimmt unser Handeln – und das wiederum bestimmt unsere Ergebnisse.

Wir sprechen mit niemandem so kalt und herzlos wie mit uns selbst.

Deswegen nochmals die Frage: Wie sprichst du mit dir selbst? Stell dir einmal vor, du bist in der Früh in der Küche, hast es eilig und lässt genau mitten auf dem Weg von der Kaffeemaschine zum Frühstückstisch die bis zum Rand mit Kaffee gefüllte Tasse fallen. Der ganze Kaffee am Boden in einer großen Lacke, die Wand verspritzt, die Tasse in Scherben – eine Riesensauerei! Was sagst du zu dir selbst? Vielleicht „Bin ich ein Depp!" oder „War ja klar: Immer bin ich so ungeschickt!" oder „So etwas kann auch nur wieder mir passieren!". Kommt dir das bekannt vor?

Stell dir jetzt mal vor, du hast eine liebe Freundin zu Besuch, der auf dem Weg von der Kaffeemaschine zum Küchentisch die bis zum Rand mit Kaffee gefüllte Tasse auf den Boden fällt. Der ganze Kaffee am Boden in einer großen Lacke, die Wand verspritzt, die Tasse in Scherben, eine riesen Sauerei! Was sagst du zu deiner Freundin? Ich wette, dass es so etwas Ähnliches ist wie „Ist doch nicht so schlimm, das habe ich gleich aufgewischt!" oder „Mach dir nichts draus, dass kann jedem passieren!". Wir behandeln niemanden so unfreundlich und gemein wie uns selbst. Bei anderen würden wir uns das nie trauen und zu Recht.

Sich auf die inneren Dialoge konzentrieren und sie ändern

Orte die innere Stimme im Kopf, die dich immer kritisiert: Kommt sie von rechts oder von links? Dann lass sie mal aus der jeweils anderen Richtung kommen. Wie klingt diese Stimme, die dich kritisiert oder schwarzmalt? Vielleicht sogar wie die deiner Mutter, deines Vaters, eines Lehrers von früher oder wie die deines Chefs? Verändere die Stimme! Klingt ein negatives „Das schaffst du nie!" nicht gleich ganz anders, wenn es von Mickymouse gesprochen wird? Und ja, du kannst das: DU denkst deine Gedanken, also, kannst auch DU sie verändern!

Der einzige, der deine Gedanken ändern kann, bist du selbst.

Wie oft denkst du in gedankliche Verallgemeinerungen wie „immer", „nie", „alle", „keiner" usw.? Brich diese auf konkrete Äußerungen herunter, denn in den meisten Fällen sind Verallgemeinerungen nicht wahr. Denke also statt „Keiner versteht mich" nur „Halt, stimmt nicht: Nicht keiner, sondern X hat mich heute Morgen nicht richtig verstanden" – dann sieht die Welt schon anders aus. Die ganz Fortgeschrittenen unter uns könnten dann sogar noch eine positive Wendung mit anfügen, also: „X hat mich heute Morgen nicht richtig verstanden, und ich kann später noch mal mit ihm darüber sprechen und dafür sorgen, dass er mich versteht." Merkst du den Unterschied? Wie viel besser fühlt sich das an?

Wir kleben uns und unseren Mitmenschen gerne Etiketten auf und sagen dann, „Ich bin gut darin, Menschen zu unterhalten" und „Er ist zuverlässig" oder leider auch „Ich bin ungeschickt" und „Sie ist lieblos". Tatsächlich „sind" wir das jedoch nicht, sondern wir verhalten uns nur in einer gewissen Art und Weise. Wenn wir uns angewöhnen, diese Etikettierungen zu lassen, und das Verhalten auszusprechen, fällt es uns bei negativen Etikettierungen ganz leicht, diese als Verhalten abzuändern oder auch das Verhalten von uns oder der anderen Person als Verhalten stehen zu lassen, ohne uns oder einen anderen Menschen als Person anzugreifen oder schlechtzumachen.

Diese neuen Arten zu Denken erfordern am Anfang vor allem Bewusstheit. Und je anstrengender es dir vorkommt, umso lohnenswerter ist es, denn du lernst alte Denkmuster zu unterbrechen und durch neue zu ersetzen, die dich freier und glücklicher machen.

Ein weiteres Mittel, um uns besser zu fühlen und bessere Leistungen zu erbringen, sind Affirmationen, die zu den Autosuggestionen gehören. Affirmationen sind positive Gedanken, die

Du bist gut genug!

wir uns immer wieder vorsagen, und so unser Unterbewusstsein dahin trainieren, diese auch zu glauben. Eine klassische Affirmation wäre z. B. „Mir geht es jeden Tag in jeder Hinsicht ein bisschen besser" (von Émile Coué, einem Apotheker, der bemerkte, dass die Wirkung der Medikamente, die er seinen Kunden gab, davon beeinflusst wurde, mit welchen Worten er sie ihnen überreichte).

Eine richtige Glücksbooster-Affirmation ist: „Ich bin gut genug (als Mutter, als Vater, als Mensch, als Ehepartner …)!"

Anfangs wird wieder der große Glücksboykottierer, unsere innere Stimme, dagegenarbeiten und uns ein „Lügner" zuflüstern, dennoch wirkt die Affirmation, wenn wir sie oft genug wiederholen, denn unser Gehirn lernt durch Erfahrung oder Wiederholung. Affirmationen sind deshalb ein sehr einfaches Werkzeug, fast zu einfach. Ich höre dich als intellektuell anspruchsvollen Leser schon sagen: „Solche Kindergartentricks sind nichts für mich!" Ich sage dir: Dann lass es sein, und du bist in einem Jahr immer noch ein intellektuell anspruchsvoller Mensch, aber immer noch nicht glücklicher. Die Entscheidung liegt bei dir …

Etwas, was uns auch wunderbare Glücksmomente schenkt, ist das Visualisieren. Jedes Mal, wenn wir uns an eine Person oder Sache erinnern, visualisieren wir, denn wir denken in Bildern. Wir sind es allerdings so gewöhnt, dass wir es oft gar nicht wahrnehmen. Wenn ich dich aber jetzt frage: „Welche Farbe hat dein Auto?", lässt du vor deinem geistigen Auge ein Bild deines Autos entstehen und siehst damit seine Farbe oder vielleicht sogar, wie du die Tür des Autos öffnest oder Ähnliches. Auch wenn diese Bilder nicht ganz exakt sind, stellen sie doch in deinem Kopf die Realität dar. Und so, wie du dir diese Realität vorstellst, so fühlst du dich auch. Verändere also die Bilder in deinem Kopf, sei dein eigener Regisseur, und drehe den Film deines Lebens in „perfekt"!

Visualisieren heißt, sich etwas vorzustellen und dabei auch wirklich in das Gefühl, das man bei der Vorstellung hat, einzutauchen.

Unser Gehirn ist so einfach zu überlisten, wenn man die Strukturen kennt, wie es arbeitet. Du kannst z. B. auch Bilder von Erinnerungen in deinem Kopf nachträglich bearbeiten: Negative Erinnerungen an Geschehnisse oder Personen kannst du in deiner Vorstellung einfach klein und schwarz-weiß machen, durchsichtig werden und verschwinden lassen.

In positiven Szenen kannst du dagegen schwelgen: Mach sie groß und bunt, dreh wie beim Fernseher die Helligkeit und Lautstärke auf, und male dir genau aus, wie glücklich du sein wirst. Wie sprichst du? Wie reagieren die Menschen auf dich, wie toll fühlt sich das alles an? Genieße es! Präsentiere deinem Gehirn dein glückliches Leben so, wie es sein soll, als hättest du dieses Ziel schon erreicht, und du wirst dich glücklich fühlen! Je mehr dir dein Verstand am Anfang noch einreden will, dass das ja alles

Wie wäre dein Leben in „perfekt"?

gar nicht „echt", sondern nur eingebildet sei, umso glücklicher wirst du dich fühlen!

Kann so ein bisschen Visualisieren wirklich Gefühle verändern?

Du hast sicher schon mal einen Film im Kino oder Fernsehen gesehen und dabei geweint, als der Held gestorben ist oder das Liebespaar auseinandergegangen ist, oder? Du wusstest dabei sicher ganz genau, dass du einen Film siehst und dass es sich um Schauspieler handelt, die weder sterben noch tatsächlich ein Liebespaar sind. Dennoch hast du am eigenen Leib erlebt, wie stark sich unsere Gefühle von Bildern beeinflussen lassen, auch dann, wenn unser Gehirn weiß, dass die Bilder nicht real sind.

Gibst du deinem Gehirn Bilder, die noch nicht der glücklichen Realität entsprechen, die du dir wünscht, wird sich dein Unterbewusstsein dann sofort daranmachen, die Bilder aus deiner Visualisierung zu verwirklichen. Visualiere dein Leben in „perfekt" täglich vor dem Schlafengehen, und du wirst erstaunt sein, wie zufrieden, entspannt und glücklich du am nächsten Morgen aufwachst und wie schnell sich ein tiefes Glücksgefühl in deinem Leben manifestiert.

Wenn wir schließlich unsere Gedanken und Glaubenssätze steuern können, dann geht es noch weiter: Wir dürfen auch positiv sprechen. Unsere Worte bestimmen, was wir denken und fühlen. Wie wir uns fühlen, bestimmt, was wir sagen und damit auch was wir denken. Also ein negativer Teufelskreis oder ein wunderbarer positiver Zirkel: Du kannst dich entscheiden!

Dazu gehört z. B. auch, uns zu überlegen, ob wir das, was uns gerade / heute / gestern geärgert hat, wirklich gleich noch dem Partner / den Kindern / dem Arbeitskollegen oder der Freundin erzählen müssen. Ich sage nicht, dass du dich nicht ärgern darfst – jeder ärgert sich mal, das ist menschlich. Aber musst du dieses Gefühl des Ärgers oder Zorns wirklich immer wieder aufwärmen und von Neuem durchleben? Wieso hakst du es nicht einfach nach einigen Minuten ab? Wie sieht es im umgekehrten

Fall aus? Wenn du ein wirklich tolles Erlebnis hattest: erzählst du es weiter? Erzählst du deinem Partner / deiner Partnerin immer wieder die Geschichte eures Kennenlernens und zählst die vielen tollen Eigenschaften, die du an ihm / ihr so liebst, auf?

Ein anderer Punkt im Zusammenhang mit positivem Sprechen ist auch das Annehmen von Komplimenten. Antwortest du auf ein „Du siehst heute wirklich super aus" mit „Stimmt, danke, mir geht's auch super" und einem strahlenden Lächeln? Oder eher mit „Findest du? Als ich heute in den Spiegel geschaut habe, dachte ich mir, wie sehe ich denn schon wieder aus? Ich müsste dringend mal wieder zum Friseur, und ein paar Kilo weniger wären auch nicht schlecht …"? Erwischt?
Auch wenn jemand deine Leistungen anerkennt, darfst du diese mit einem einfachen „Danke " annehmen und dich freuen, statt deine Leistung gleich wieder herunterzuspielen mit „Ach, das war doch nicht so wild … und überhaupt war ich das ja nicht allein, da haben ja ganz viele mitgeholfen …".
Super, dass du dich entschieden hast, mehr Glücksmomente in dein Leben zu lassen: Du bist toll!

Tag 78

KURZ UND KNAPP

- Positiv Denken bedeutet nicht, sich alles schönzureden: Es geht um Bewusstheit.
- Deine Glaubenssätze und Gedanken bestimmen deine Gefühle, die deine Worte bestimmen, die wiederum deine Taten und deine Erfolge bestimmen. Diese bestimmen wiederum deine Glaubenssätze und Gedanken, die …
- Unser größter Glücksboykottierer ist unsere innere Stimme.
- Affirmationen wirken – umso mehr, je weniger wir sie uns am Anfang selbst glauben.
- Visualisieren macht uns glücklich und trainiert unser Unterbewusstsein auf Erfolg.
- Positiv Sprechen heißt, Ärgernissen weniger und schönen Erinnerungen mehr Raum in Gesprächen zu geben.
- Nimm Komplimente und die Anerkennung deiner Leistung an.

ÜBUNG

1. Bilder verändern

Eine negative Erinnerung ändern:

- Denk an eine Situation / eine Person, mit der du schlechte Erinnerungen verknüpfst, und spüre wirklich das unangenehme Gefühl, dass für dich mit der Situation / der Person verknüpft ist.
- Nimm nun gedanklich das Bild der Situation / der Person und schiebe es einige Meter von dir weg.
- Lass das Bild nun schrumpfen, bis es ganz klein ist.
- Mach das Bild schwarz-weiß und dann durchsichtig, bis es ganz verschwindet.
- Fühle, wie viel besser du dich jetzt im Hinblick auf die Situation / die Person fühlst.

Tag 78

- Wenn du dich nicht besser fühlst, wiederhole die Übung so oft, bis du dich gut fühlst.

In eine positive Zukunft versetzen:

- Stell dir eine Situation vor, die dich richtig glücklich machen würde, als Film vor, den du gerade im Kino auf einer großen Leinwand siehst.
- Schau dir selbst dabei zu, wie du in dem Film herumgehst, wie du redest, wie du strahlst.
- Mach jetzt die Farben des Films kräftiger, drehe die Helligkeit und den Ton auf.
- Spüre, wie dein Glücksgefühl in der Situation noch größer wird.

2. Glaubenssätze verändern

- Schreibe dir einen Glaubenssatz auf, der dich einschränkt und davon abhält, glücklich zu sein oder deine Ziele zu erreichen.
- Stelle dir nun vor, wie dein Leben weiterhin verlaufen wird, wenn du deinen Glaubenssatz nicht veränderst. Wie wird dein Leben in fünf Jahren sein? Wie in zehn Jahren? Spüre, wie sich das anfühlt.
- Dann stehe einen Moment auf und bekomme den Kopf frei.
- Nun überlege dir einen neuen Glaubenssatz, der dir Stärke und Selbstvertrauen gibt und auf jeden Fall deine Lebensqualität erhöhen würde.
- Stelle dir nun vor, wie du dich verhalten wirst, wenn dieser neue Glaubenssatz tatsächlich wahr wird. Wie gut fühlt sich dann dein Leben an? Wie gut in fünf Jahren und wie toll in zehn Jahren? Genieße das Gefühl!

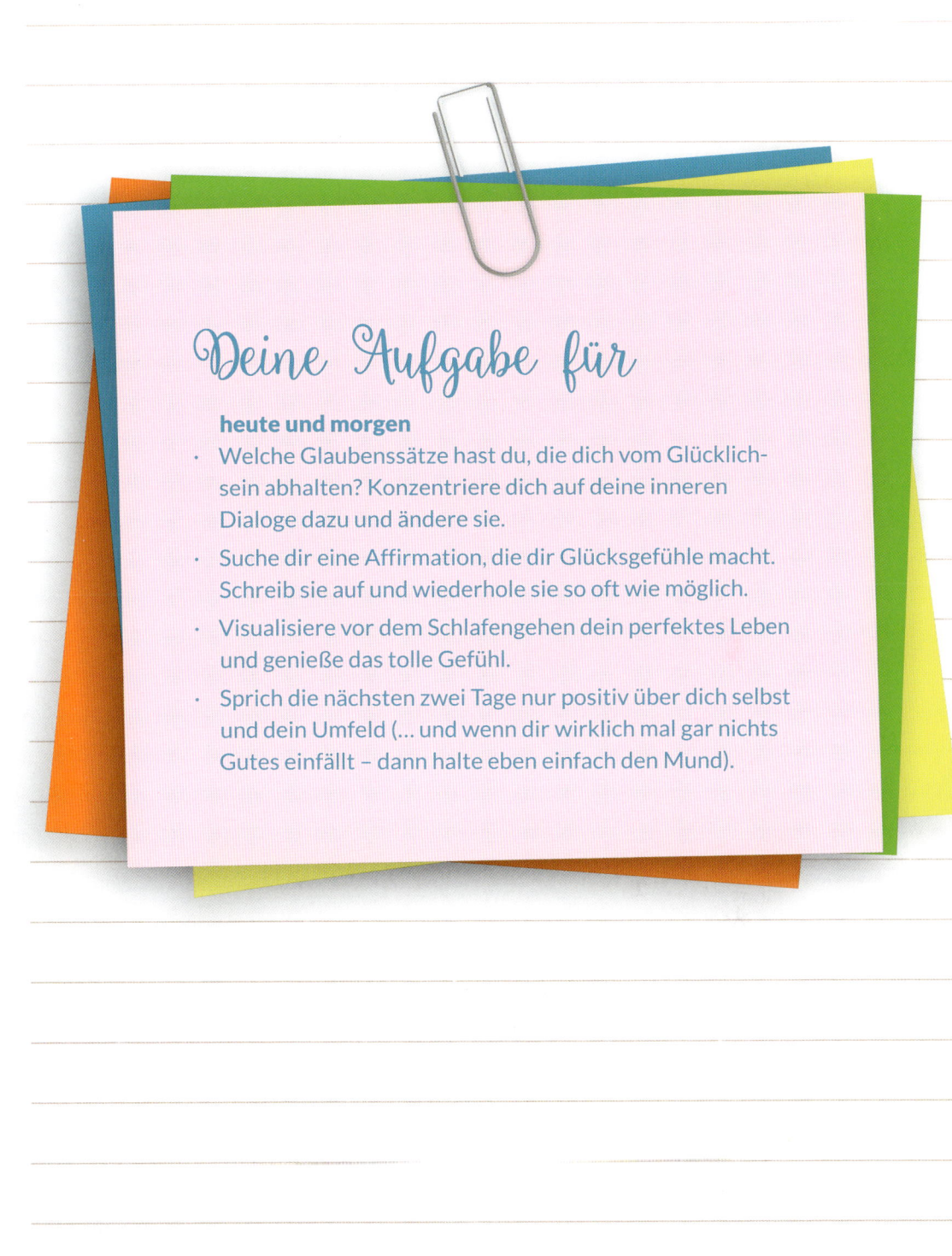

Deine Aufgabe für

heute und morgen

· Welche Glaubenssätze hast du, die dich vom Glücklichsein abhalten? Konzentriere dich auf deine inneren
Dialoge dazu und ändere sie.

· Suche dir eine Affirmation, die dir Glücksgefühle macht.
Schreib sie auf und wiederhole sie so oft wie möglich.

· Visualisiere vor dem Schlafengehen dein perfektes Leben
und genieße das tolle Gefühl.

· Sprich die nächsten zwei Tage nur positiv über dich selbst
und dein Umfeld (… und wenn dir wirklich mal gar nichts
Gutes einfällt – dann halte eben einfach den Mund).

Das Leben ist bezaubernd. Man muss es nur durch die richtige Brille sehen.

Alexandre Dumas

FOKUSSIER DICH AUF DEINEN FOKUS!

Wir alle haben fünf Sinne, die wir nutzen (Sehen, Hören, Schmecken, Riechen und Fühlen), und wir alle leben auf der gleichen Welt. Da würde man doch davon ausgehen, dass wir alle die Welt auf die gleiche Art und Weise wahrnehmen und erleben, oder?

Wir alle meinen, dass wir die Welt so sehen, wie sie wirklich ist. Tatsächlich jedoch nimmt jeder von uns die Welt anders wahr, denn unsere eigene Sichtweise ist durch unsere eigenen, ganz persönlichen Erfahrungen geprägt. Unser Gehirn bewertet und reagiert auf alles, was wir wahrnehmen, und deutet damit die Welt aufgrund der von uns gemachten Erfahrungen. Unser Bild der Welt entspricht also dem Bild eines Fotografen, der durch eine Linse blickt: nur dass unsere Linse unsere Vergangenheit ist.

Wir bewerten die Welt aufgrund der Erfahrungen, die wir in der Vergangenheit gemacht haben.

Damit hat aber auch nichts und niemand in der Welt eine absolute Bedeutung, alles wird durch die persönliche Sichtweise geprägt – unsere und die der anderen.

Du kennst das wahrscheinlich: Wenn du dir eine Sache kaufen möchtest, sagen wir mal ein Auto, siehst du plötzlich überall „dein" Auto auf den Straßen. Wenn du selbst ein Kind erwartest, siehst du überall Schwangere und junge Mütter. Dabei sind weder mehr Mütter noch mehr Autos als vorher unterwegs. Wir selbst nehmen die Welt anders wahr, die gleiche Welt, in der andere Menschen vielleicht gerade mehr Hunde wahrnehmen, weil sie selbst gerne einen Hund hätten.

Unser Gehirn muss bis zu elf Millionen Sinneseindrücke (Gerüche, Töne, Farben …) in der Sekunde verarbeiten. Würden wir diese alle bewusst wahrnehmen, würden wir verrückt. Deshalb leistet unser Gehirn großartige Vorarbeit und lässt nur circa 40 Sinneseindrücke in der Sekunde in unser Bewusstsein dringen. Welche von den elf Millionen das sind, steuern wir auch durch unser Interesse. Solange uns das Auto oder schwangere Frauen nicht interessieren, packt das Gehirn die dazugehörigen

Sinneseindrücke metaphorisch ins Unterbewusst hinunter. In dem Moment, in dem wir uns für das Auto oder die schwangere Frau interessieren, lässt das Gehirn die entsprechenden Sinneseindrücke in unser Bewusstsein durch, und plötzlich wimmelt es von Traumautos und Schwangeren. Diese waren tatsächlich jedoch davor auch schon da, du hast sie bloß nicht wahrgenommen, nur dann deinen Fokus, deinen Blick auf die Dinge, verändert.

Worauf du deinen Fokus richtest, davon wirst du mehr bekommen

Das ist das Gesetz der Anziehung, denn deine Aufmerksamkeit bestimmt, wohin deine Energie fließt. Suchst du nach schlechten Dingen oder Menschen in deinem Leben, findest du sie. Suchst du aber nach guten Dingen oder Menschen, findest du sie ebenso. Wenn du positiv denkst und sprichst, fällt es dir ganz leicht, in deinem Leben viel Positives zu finden, das dich bereits glücklich macht.

Das ist auch kein Selbstbetrug oder unrealistisch. Du lügst dir ja nicht selbst etwas vor, sondern konzentrierst dich nur bewusst auf all das Positive, das schon da ist. Konzentrierst du dich zusätzlich statt auf das, was nicht passt, auf das, was du gerne hättest, wirst du auch davon mehr in dein Leben ziehen.

Gehen wir nochmals zum Anfang des Kapitels zurück und betrachten die Welt durch die Linse oder den Rahmen unserer Erfahrungen in der Vergangenheit. Je nachdem, welche Bedeutung wir Situationen oder Ereignissen

Ändere deinen Fokus, und du änderst dein Leben!

geben, fühlen und handeln wir anders. Wenn es uns nun gelingt, unseren Fokus auf die positiven Dinge unseres Lebens zu legen, wir also auch eventuell unangenehmen Situationen einen positiven Rahmen geben, verandern wir unser Leben, ohne die tatsächliche Situation verändern zu müssen bzw. zu können.

Wie können wir nun unangenehmen Situationen einen neuen Rahmen geben?

Eine der einfachsten Möglichkeiten ist es, andere Fragen zu stellen. In schwierigen Situationen stellen wir uns nämlich gerne Fragen wie:

· „Warum passiert das immer mir?"
· „Warum gelingt es immer nur den anderen abzunehmen?"
· „Warum schaffe ich es einfach nicht, XYZ mal zu tun?"

Um solche Fragen beantworten zu können, muss sich unser Gehirn automatisch auf die Suche nach den Gründen machen, warum wir es nicht schaffen, und damit haben wir in unserem Gehirn schon die Annahme gefestigt, dass wir es tatsächlich nicht schaffen. Fragen wir uns dagegen

· „Wie kann ich XYZ am einfachsten erledigen?"
· „Wie viele Lösungen kann ich für dieses Problem finden?"
· „Wie schaffe ich es am leichtesten, damit aufzuhören zu …" festigen wir unserem Gehirn die Vorannahme, dass die Herausforderung a) zu schaffen ist, dass es b) viele Lösungsmöglichkeiten gibt und dass es c) einfach sein kann.

Fragen lenken unseren Fokus und setzen unseren Rahmen neu.

Eine andere gute Übung für deinen Fokus ist es auch, dich in anscheinend negativen Situationen zu fragen: „Was könnte das noch bedeuten?"

Die Qualität deiner Fragen bestimmt die Qualität deines Lebens.

Stehst du zum Beispiel im Stau und ärgerst dich über die vermeintlich verlorene Zeit, könntest du dir überlegen, dass der Stau auch bedeutet, dass du nun die Möglichkeit hast, über etwas nachzudenken, das dich schon lange beschäftigt, dass du nun eine gute Freundin mal wieder anrufen oder einfach ein wenig zur Ruhe kommen kannst.

Gerne dürfen wir auch bei uns selbst den Fokus auf das legen, was schon gut ist, was uns schon gut gelingt. Gerade Frauen legen bei sich leider oft den Fokus auf vermeintliche Problemzonen, statt das zu schätzen, was toll und einzigartig an ihnen ist – und das sind sie alle.

Menschen haben die Tendenz, sich an allem festzubeißen, was sie nicht können, was ihnen Angst macht. Das kann man machen, ist aber nicht sinnvoll. Wir alle haben unsere Stärken und Schwächen. Viele von uns unternehmen große Anstrengungen, um ihre Macken auszubügeln. „Verbessert" man seine Schwächen, wird man eventuell mittelmäßig. Stärkt man hingegen seine Stärken, wird man einzigartig.

Ein weiterer Vorteil des bewussten Fokus ist, dass wir auch die vielen kleinen Glücksmomente in unserem Leben wahrnehmen, die wir sonst auf der Suche nach dem großen Glück leicht übersehen.

Jeder Tag besteht aus genügend Momenten, die uns glücklich machen könnten. Viele kleine Momente, die wir jedoch oft nicht besonders beachtenswert finden, weil wir auf das große Glück warten, das wir verpassen könn-

Du wärst so gerne wie die anderen? Andere gibt es schon genug!

ten, wenn wir uns mit dem kleinen bereits vermeintlich zufriedengeben. Dabei schließen die kleinen Glücksmomente die großen ja nicht aus. Auch ist es wissenschaftlich erwiesen, dass die wenigen großen Glücksmomente im Leben einen viel geringeren Einfluss auf unser generelles Glücksempfinden haben als die vielen kleinen, die wir erleben dürfen.

Zum Fokus auf das Positive gehört auch, sich nicht stets freiwillig dem Negativen auszusetzen. Mache dir einmal bewusst, wie viel Negatives bei der täglichen Zeitungslektüre oder den Nachrichten auf dich einprasselt. Schon der große Fernsehmoderator und Entertainer Rudi Carrell wusste: „Der Nachrichtensprecher wünscht Ihnen einen guten Abend, um Sie dann eine Viertelstunde lang vom Gegenteil zu überzeugen!" Möchtest du dich dem wirklich täglich aussetzen?

Mach du es besser! Denk immer daran: Worauf du deinen Fokus richtest, davon wirst du mehr in deinem Leben bekommen.

Die Geschichte von den zwei Brüdern

Darüber hinaus ist die Ausrichtung des Fokus auch immer eine Frage der Bewertung von Lebenssituationen. Dazu möchte ich dir eine bekannte Geschichte von zwei Brüdern erzählen: Da war zum einen der Mann, der eine typische Verbrecherkarriere durchlaufen hatte, die ihn letztlich ins Gefängnis brachte. Dort wurde er eines Tages von einer Journalistin besucht, die der Frage nachgehen wollte, wie es so weit kommen konnte, dass er im Gefängnis gelandet war. Der Mann erzählte ihr seine Geschichte so: „Ich bin auf einem Bergbauernhof aufgewachsen, weit weg vom nächsten Dorf. Wir hatten kaum Geld zum Leben, und das Wenige, was der Vater verdiente, hat er zum Großteil versoffen. Wenn er betrunken nach Hause kam, hat er meine Mutter, meinen Bruder und mich verprügelt. Meine Mutter war so traumatisiert, dass sie uns Kindern auch keine Liebe mehr geben konnte. Und als ich sieben Jahre alt war, starb der Vater, und wir hatten noch weniger zum Leben – was hätte aus mir anderes werden sollen, als das, was ich heute bin?"

Menschen kaufen Sicherheitsschlösser, um ihr Heim zu schützen. Doch in ihr Gehirn lassen viele Menschen ungefiltert alles hinein, was tagtäglich an Negativem auf sie einprasselt.

Das leuchtete der Journalistin ein. Sie beschloss, auch den Bruder des Inhaftierten aufzusuchen. Zu ihrem Erstaunen lebte der auf eben dem Bergbauernhof, auf dem er aufgewachsen war. Der Hof war schön hergerichtet, der Mann und seine Frau wirkten glücklich, und deren Kinder sprangen der Journalistin zur Begrüßung freudig entgegen. Auf die Frage der Journalistin, wie der Mann es denn geschafft hätte, so ein glückliches Leben zu führen, erzählte er ihr folgende Geschichte: „Ich bin auf einem Bergbauernhof aufgewachsen, weit weg vom nächsten Dorf. Wir hatten kaum Geld zum Leben, und das Wenige, was der Vater verdiente, hat er zum Großteil versoffen. Wenn er betrunken nach Hause kam, hat er meine Mutter, meinen Bruder und mich verprügelt. Meine Mutter war so traumatisiert, dass sie uns Kindern auch keine Liebe mehr geben konnte. Und als ich fünf Jahre alt war, starb der Vater, und wir hatten noch weniger zum Leben – ist doch nur logisch, dass ich alles darangesetzt habe, um da rauszukommen."

Die Frage, die du dir immer wieder stellen darfst, ist: „Will ich Opfer oder Schöpfer meiner Lebensumstände sein? Lebe ich, oder werde ich gelebt?" Und dann richte deinen Fokus entsprechend aus: Das Glück wohnt in deinem Kopf!

Bist du Opfer oder Schöpfer deiner Lebensumstände?

Tag 9 10

KURZ UND KNAPP

· Worauf du deinen Fokus richtest, davon wirst du mehr bekommen.

· Ändere deinen Fokus, und du änderst dein Leben.

· Die Qualität deiner Fragen bestimmt die Qualität deines Lebens.

· Sich bewusst auf das Positive zu konzentrieren heißt auch, Negatives bewusst zu vermeiden.

· Dein Fokus bestimmt auch, wie du Situationen deines Lebens bewertest.

· Willst du Opfer oder Schöpfer deiner Lebensumstände sein? Du hast es in der Hand, denn das Glück wohnt im Kopf.

ÜBUNG

„Refraiming" nennt man es, wenn man einer (unangenehmen) Situation einen neuen Rahmen (englisch „frame") gibt, um so, ohne die Situation inhaltlich zu verändern, eine positivere Einstellung zu der Situation zu entwickeln. Es geht dabei nicht darum, Probleme unter den Teppich zu kehren oder auch unter traurigen Umständen so zu tun, als wäre alles in Ordnung. Natürlich dürfen und sollen wir auch mal niedergeschlagen sein oder trauern, um ein bestimmtes Erlebnis verarbeiten zu können. Nur sollte dies kein Dauerzustand sein. Durch Refraiming können wir einfach eine positiv(ere) Haltung einnehmen und damit erwiesenermaßen Heilungsprozesse und unsere psychische Gesundheit fördern.

Nimm ein paar Bereiche in deinem Leben, mit denen du gerade unzufrieden bist, und schreib dir diese als Tatsache, nicht als Überzeugung auf. Zum Verständnis zwei Beispiele:

· „Meine Arbeit macht mir im Moment keinen Spaß." (Tatsache)

· „Diese Arbeit ist echt unerträglich." (Überzeugung)

· „Ich habe 5000 Euro Schulden." (Tatsache)

· „Ich kann einfach nicht mit Geld umgehen." (Überzeugung)

Gib nun den Tatsachen, die du aufgeschrieben hast, einen neuen Rahmen. In meinen eben genannten Beispielen wäre das z. B. so etwas wie:

· „Immerhin habe ich einen Job, das macht es mir leichter, einen anderen, für mich besser geeigneten Job zu finden, denn ich bin nicht unter Zeitdruck."

· „Was kann ich tun, damit mir meine Arbeit (wieder) mehr Spaß macht?"

· „Zumindest habe ich nicht mehr als 5000 Euro Schulden, ich habe eine Arbeit und werde den Kredit irgendwann abbezahlt haben. Andere Menschen sind oft in einer viel schwierigeren Lage."

· „Wenn es sein muss, könnte ich mein Auto verkaufen, um den Kredit zu tilgen, oder ich könnte bei meinen Ausgaben sparen. Egal wie, ich werde es schaffen."

· Und jetzt du! Der neue Rahmen muss dich nicht gleich begeistert durch den Raum tanzen lassen (darf er aber natürlich). Wenn dir das Refraiming hilft zu erkennen, dass die Situation gar nicht so schlimm ist, wie du vorher dachtest, ist das schon ein guter Beginn.

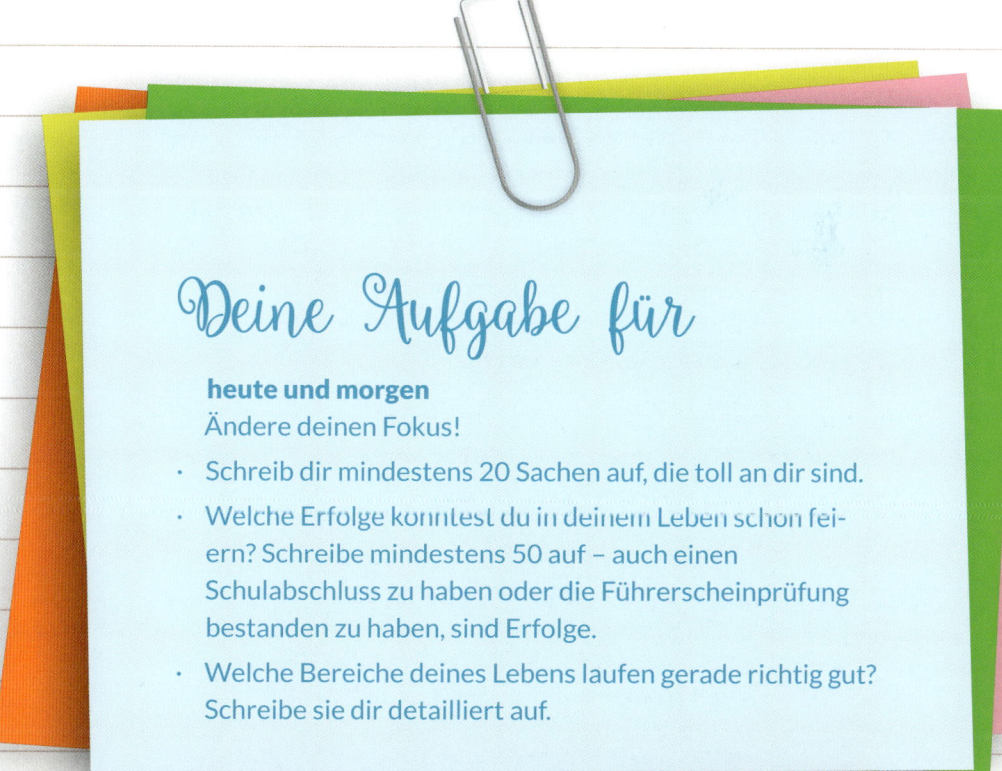

Deine Aufgabe für

heute und morgen
Ändere deinen Fokus!

· Schreib dir mindestens 20 Sachen auf, die toll an dir sind.

· Welche Erfolge konntest du in deinem Leben schon feiern? Schreibe mindestens 50 auf – auch einen Schulabschluss zu haben oder die Führerscheinprüfung bestanden zu haben, sind Erfolge.

· Welche Bereiche deines Lebens laufen gerade richtig gut? Schreibe sie dir detailliert auf.

Dankbarkeit gibt dem Leben Leichtigkeit und Humor, Gelassenheit und innere Freiheit.

Pater Anselm Grün

HEUTE SCHON GEDANKT?

In den letzten Tagen haben wir uns die Kraft des positiven Denkens und des Fokussiertseins auf das Gute angesehen. Die logische Konsequenz aus der bewussten Wahrnehmung der vielen kleinen und großen Glücksmomente in unserem Leben ist die Dankbarkeit dafür.

Unsere Konsumgesellschaft drängt uns dazu, nach Dingen außerhalb von uns selbst zu suchen, die uns positive Gefühle verschaffen. Doch wirklich glücklich können wir nur dann sein, wenn wir erkennen und schätzen, was wir bereits haben. Wenn wir bewusst innehalten und uns vor Augen führen, was wir bereits alles besitzen und welche positiven Gefühle wir schon empfinden können. Dadurch wird unser Gehirn umprogrammiert, und wir werden frei, uns auf unsere wirklichen Werte zu konzentrieren und uns glücklich zu fühlen.

Das Gefühl der Dankbarkeit ist damit eher eine Grundhaltung als ein einzelnes „Danke" sagen. Dankbare Menschen spüren, dass in der Welt viel Gutes passiert, unabhängig von ihnen selbst. Dankbar zu sein, bedeutet auch, demütig zu sein: zu verstehen, wie viel Gutes andere Menschen schon in unser Leben gebracht haben, wie sie dazu beigetragen haben, unser tägliches Leben leichter und glücklicher zu machen.

Dankbar zu sein, ist eine Grundhaltung.

Schauen wir uns nun mal an, wie Dankbarkeit sich im täglichen Leben auswirkt

Dr. Robert A. Emmons ist der weltweit führende Wissenschaftsexperte, was Dankbarkeit betrifft. In einer Studie mit über 1000 Menschen im Alter von acht bis 80 Jahren fand er heraus, dass Menschen, die grundsätzlich dankbar sind, von vielen Vorteilen profitieren:

Dankbare Menschen
- erleben positive Gefühle intensiver
- haben mehr Spaß und Freude im Leben

- sind optimistischer und glücklicher
- haben ein stärkeres Immunsystem
- leiden weniger unter Schmerzen
- haben einen niedrigeren Blutdruck
- achten mehr auf ihre Gesundheit und machen mehr Sport
- schlafen länger und besser
- sind hilfsbereiter, großzügiger und einfühlsamer
- verzeihen leichter
- fühlen sich weniger allein

Warum ist das so?

- Dankbarkeit macht uns wertschätzend.

  Du kennst das wahrscheinlich: Du hast ein neues Auto, eine neue Beziehung, ein neues Haus, aber wenn du es eine Weile hast, fühlt es sich nicht mehr so neu und aufregend an, sondern ganz selbstverständlich. Dankbarkeit aber lässt uns das Auto, die Beziehung, das Haus wertschätzen, und wenn wir das tun, nehmen wir diese Dinge nicht einfach als selbstverständlich hin. Das neue, aufregende Gefühl, das sonst so schnell vergeht, bleibt uns damit erhalten.
- Dankbarkeit lässt uns vermeintliche Selbstverständlichkeiten wieder wertschätzen.

  Dankbarkeit stoppt negative Gefühle wie Neid, Ärger oder Hass, die unser Glücklichsein verhindern.

  Dankbarkeit und diese negativen Gefühle schließen sich einfach aus, denn ich kann nicht zugleich dankbar und voller Hass sein.
- Dankbare Menschen können besser mit Stress umgehen.

  Es wurde in vielen Studien wissenschaftlich nachgewiesen, dass dankbare Menschen sich auch von Leid oder Unglück schneller erholen.
- Dankbare Menschen haben ein höheres Selbstwertgefühl.

  Laut Robert A. Emmons haben dankbare Menschen das Bewusstsein, dass da noch jemand ist, dem sie wichtig sind oder der ihnen mal geholfen und sie damit wertgeschätzt hat.

Wenn es im normalen Alltag schon nicht immer ganz einfach ist, dankbar zu sein für das, was ist, so ist es in herausfordernden Lebenssituationen natürlich noch schwieriger. Gerade in Krisensituationen ist Dankbarkeit jedoch nicht nur nützlich, sondern sogar essenziell, sagt Robert A. Emmons in seinem Buch „Gratitude Works! – A 21-Day Program for Creating Emotional Prosperity". Dann ziehen wir den größten Nutzen aus einer dankbaren Grundhaltung. Natürlich fühlt niemand Dankbarkeit, wenn ihm das Schicksal gerade Riesensteine in den Weg legt, einen geliebten Menschen nimmt oder andere schreckliche Dinge erleben lässt. Und trotzdem gibt uns eine dankbare Grundhaltung genau in diesen Momenten die Möglichkeit zu verstehen, dass, egal wie schlimm die Situation ist, immer nur ein Teil unseres Lebens davon betroffen ist und auch die schlimmsten Zeiten vergehen. Nein, das ist nicht leicht, aber auf jeden Fall der Mühe wert.

Auch hier heißt das natürlich genauso wenig wie beim positiven Denken, zu verneinen, dass das Leben auch aus Enttäuschungen, Frust, Verlust oder Verletzungen besteht. Das Leben ist nicht perfekt, und weder positives Denken noch Dankbarkeit werden das ändern. Deswegen hilft es auch nicht, jemandem, der gerade großes Leid erfährt, zu sagen, er solle sich doch mal zusammenreißen und dankbar sein für das, was er hat. Das würde ihn zu Recht nur verletzen. Es geht eben nicht darum, Probleme zu verleugnen oder wegzulächeln. Es geht darum zu erkennen, dass wir selbst im größten Leid noch Positives in unserem Leben finden können.

Es geht nicht darum, Probleme zu verleugnen, sondern einen anderen Blick darauf zu bekommen.

Was uns dabei helfen kann, dies zu erkennen, ist z. B. ein Reframing der Situation, wie wir es schon an den beiden letzten Tagen geübt haben. Bei großen und kleinen Herausforderungen des Lebens können wir uns Fragen stellen, die unseren Fokus wieder drehen und es uns ermöglichen, dankbar zu sein:

· Was habe ich aus dieser Erfahrung gelernt?

- Finde ich heute eine Möglichkeit, dankbar zu sein für das, was passiert ist, obwohl ich zum Zeitpunkt des Geschehens überhaupt nichts Gutes daran sehen konnte?
- Welche Fähigkeit konnte ich im Verlauf dieser Erfahrung entdecken, von der ich gar nicht wusste, dass ich sie habe?

Diese Fragen dienen nicht dazu, das Ereignis herunterzuspielen, sondern dazu, es aus einer anderen Perspektive zu betrachten. Wenn wir uns nur einreden wollen, dass alles gar nicht so schlimm sei, fühlen wir uns nur noch schlechter. Dankbare Menschen sind aber imstande, eine neue Perspektive auf das Ereignis einzunehmen, die es ihnen erlaubt, sich besser zu fühlen – eine Fähigkeit, die jeder erlernen kann.

„Nicht die Glücklichen sind dankbar. Es sind die Dankbaren, die glücklich sind" (Francis Bacon).

Es war ein ganz einfaches Experiment, das die Dankbarkeitsforscher Robert A. Emmons und Michael McCullough 2003 entwarfen. Die Professoren teilten ihre Probanden in zwei Gruppen: Die einen ließen sie ein paar Minuten darüber nachsinnen, wofür sie in ihrem Leben dankbar sind, die anderen sollten einfach an irgendetwas denken.

Diese kurzen Übungen wiederholten die Forscher jede Woche, ganze zehn Wochen lang. Das Ergebnis überraschte selbst die Wissenschaftler: Im Vergleich zur Kontrollgruppe zeigten die Dankbaren über den gesamten Zeitraum des Experiments mehr Motivation, mehr Optimismus, und selbst ihre Gesundheitswerte und die Immunabwehr verbesserten sich. Die regelmäßigen, dankbaren Gedanken machten die Probanden also glücklicher und gesünder.

Mach auch du dir das zunutze und schreibe dein persönliches Dankbarkeitstagebuch: Überleg dir regelmäßig abends, was dir am vergangenen Tag alles widerfahren ist, für das du dankbar sein kannst. Das muss nichts Großes sein: „Danke, dass ich heute Morgen neben meinem Partner aufgewacht bin" oder auch „Danke, dass ich heute Morgen nicht neben meinem Partner aufwachen musste" – Glück ist immer individuell. Du wirst erstaunt sein, auf wie viele vermeintliche Kleinigkeiten du kommen wirst, und an schlechten Tagen hilft dir ein Blick in dein Tagebuch, wieder deinen Fokus auszurichten.

Es ist gut, dass wir nicht immer das bekommen, was wir verdienen: Sei dankbar, denn oft bekommen wir viel mehr.

Falls du (kleine) Kinder hast, ist es übrigens auch besonders schön, mit diesen beim Zubettgehen zu überlegen, was an ihrem Tag alles passiert ist, für das sie dankbar sein können. Das nimmt gleich mal Druck aus dem Zubettgehstress, den viele kennen, die Gedanken werden wieder friedlich und positiv. Gleichzeitig lernen die Kinder so ebenso ihren Fokus auf das Positive auszurichten und schöne Momente bewusst wieder zu durchleben – davon werden sie ihr Leben lang profitieren. Auch für dich selbst ist es spannend zu sehen, was deine Kinder am vergangenen Tag toll fanden und wie oft es Kleinigkeiten sind, die wir selbst gar nicht mehr schätzen.

Jeder neue Tag ist ein Geschenk, und wir sind alle gesegnet – jeder auf seine Art. Genieße das Geschenk des Lebens und sei dankbar dafür.

Tag 11 12

KURZ UND KNAPP

- Dankbar zu sein, ist eine Grundhaltung, kein einmaliges „Danke"-Sagen.
- Dankbar zu sein, bringt uns enorm viele Vorteile und macht uns sogar gesünder.
- Dankbar zu sein, macht uns resistenter gegen Stress und schenkt uns ein höheres Selbstwertgefühl.
- Besonders stark hilft uns Dankbarkeit in den Situationen, in denen wir vermeintlich keinen Grund haben, dankbar zu sein.
- Reframen, also einer Situation einen neuen Rahmen geben, erleichtert es uns, wieder Dankbarkeit zu empfinden.
- Das Führen eines Dankbarkeitstagebuchs hat tiefe positive Auswirkungen auf unser Wohlgefühl und unsere Beziehungen.

ÜBUNG

Dankbarkeitstagebuch

Menschen, die regelmäßig ein Dankbarkeitstagebuch schreiben, sind gesünder und glücklicher.

Mach auch du dir das zunutze und schreibe dir mindestens drei Dinge auf, für die du dankbar sein kannst. Ziel ist es, dich an ein gutes Ereignis, einen lieben Menschen oder ein tolles Erlebnis zu erinnern, und dann die guten Gefühle, die mit der Erinnerung einhergehen, zu genießen.

Hier noch ein paar Tipps, die Robert A. Emmons für das Schreiben des Tagebuchs gibt:

- Sei so konkret wie möglich. Schreibe also „Ich bin dankbar dafür, dass meine Freundin mir heute einen Kuchen gebacken hat" und nicht nur „Ich bin dankbar für meine Freundin".

- Schreibe lieber weniger Dinge detailliert auf als viele Dinge nur oberflächlich oder in Stichpunkten.
- Werde persönlich: Versuche mehr über Menschen als über Dinge zu schreiben, für die du dankbar bist.
- Betrachte gute Dinge als Geschenk.
- Schreibe vor allem auch über positive Ereignisse, die überraschend für dich waren.
- Schreibe regelmäßig.

Deine Aufgabe für

heute und morgen

- Beginne mit dem Schreiben deines Dankbarkeitstagebuchs auf den letzten Seiten des Buches.
- Überlege dir mindestens eine konkrete unangenehme Situation, die dir widerfahren ist, und gib ihr mit den folgenden Fragen einen neuen Rahmen. Schreibe dir die Situation, die Fragen und deine Antworten darauf auf.
- Was habe ich aus dieser Erfahrung gelernt?
- Finde ich heute eine Möglichkeit, dankbar zu sein für das, was passiert ist, obwohl ich zum Zeitpunkt des Geschehens überhaupt nichts Gutes daran sehen konnte?

Sich Sorgen machen heißt, die Wolken von morgen über die Sonne von heute zu ziehen.

DON'T WORRY, BE HAPPY!

Gehörst du zu den Menschen, die sich ständig Sorgen machen? Die sich ständig überlegen: „Was wäre, wenn …?" Oder vielleicht sogar noch über das „Was hätte da alles passieren können" im Nachhinein in negative Grübeleien versinken? Bist du ein Pessimist?

Interessanterweise wird in unserer Gesellschaft das Grübeln und Sich-Sorgen-Machen zumeist nicht als pessimistisch sein, sondern als ganz normal und realistisch eingestuft. Die Menschen bezeichnen sich als realistisch, machen sich aber ständig Sorgen um ihre Kinder, ihre Zukunft, ihren Arbeitsplatz, mögliche Verkehrsunfälle, Krankheiten usw. Sich so zu verhalten, ist aber nicht realistisch (denn wer verliert schon regelmäßig seinen Arbeitsplatz, ist wöchentlich in Verkehrsunfälle verwickelt oder bekommt eine Krankheit nach der anderen?), sondern pessimistisch: Sie überlegen (und planen damit), was alles schiefgehen könnte und vernachlässigen damit komplett die Möglichkeit, dass ja auch alles gut gehen könnte. Niemand weiß, was die Zukunft bringt, ich kann mir sie also schön oder schlecht vorstellen. Wird oder bleibt dann alles gut, hatte ich eine schöne Zeit in der Planung und dann auch in der Wirklichkeit. Trifft mich tatsächlich ein Schicksalsschlag, hätte auch das Sorgenmachen vorher ihn nicht abgewendet, und ich habe mir die eigentlich schöne Zeit davor auch noch verdorben. Denn diese negativen Gedanken kosten unglaublich viel Zeit, Energie und Lebensfreude.

Vielleicht denkst du dir jetzt: „Ich mache mir ja die Sorgen nicht freiwillig" oder „Ich bin halt so". Doch beide Argumente zählen nicht: Zum einen bist du es ja selbst, der denkt und damit auch „die Sorgen denkt". Also kannst auch du selbst damit aufhören. Hier sind wir auch wieder an dem Punkt „Verantwortung für dein Leben übernehmen". Du entscheidest, was du denkst, du entscheidest, ob du Opfer der Umstände

> *Grübeln* ist wie Schaukeln, man bewegt sich, aber man kommt nicht von der Stelle.
> Phil McGraw

oder Schöpfer der Umstände sein willst: Bleibst du in den Sorgen hängen, oder suchst du nach Lösungen für das Problem?

Zum anderen wird niemand als Pessimist geboren. Sich ständig Sorgen zu machen, ist eine Angewohnheit, die erlernt ist und die man sich auch wieder abgewöhnen kann. Der renommierte Experte auf dem Gebiet der Positiven Psychologie, Dr. Martin Seligman, hat in jahrzehntelanger Forschungstätigkeit bewiesen, dass jeder pessimistische Gedanke gestoppt und stattdessen eine positive Grundhaltung entwickelt werden kann.

Wir wissen alle, dass es viel angenehmer wäre, sich keine Sorgen zu machen, aber warum machen sie sich manche Menschen dann doch immer wieder?

Sich Sorgen zu machen, gibt uns in einer unsicheren Situation das Gefühl, die Kontrolle über die Situation zu haben. Wer sich Sorgen macht, meint, auf alle Eventualitäten vorbereitet zu sein, und fühlt sich so nicht mehr so ausgeliefert.

Das Unsinnige am Sichsorgen ist, dass die ganzen „Was-wäre-wenns", die wir uns ausmalen, tatsächlich meistens gar nicht zu Problemen werden, also niemals Realität werden.

Ein Beispiel: Stell dir vor, du findest am Samstagmittag eine Benachrichtigung im Postkasten, dass auf der Postfiliale ein Einschreiben auf dich wartet. Du hast keine Ahnung, um was es sich bei dem Brief handeln könnte. Da die Postfiliale schon geschlossen ist, musst du bis Montag warten, ehe du weißt, um was es in dem Einschreiben geht.

Jetzt hast du zwei Möglichkeiten. Entweder du denkst dir einfach: „Mal abwarten, was das ist. Wird schon nichts Schlimmes sein." Oder du fängst sofort zu grübeln an und denkst dir: „Oh, Gott, bestimmt habe ich vergessen, etwas zu zahlen, und jetzt ist eine saftige Strafe fällig. Oder der Vermieter hat mir meine Wohnung gekündigt, und ich stehe ab dem nächsten Monat auf der Straße – was mache ich denn jetzt?"

> Ich habe in meinem Leben schon viele schreckliche Dinge durchgemacht, und ein paar von ihnen sind tatsächlich eingetroffen.
> Marc Twain

Durch das Durchspielen sämtlicher Katastrophenmöglichkeiten hast du dann das vermeintliche Gefühl, gewappnet zu sein für das, was kommt. Zu welcher der beiden Kategorien von Menschen gehörst du?

Tatsächlich erklärt sich das Einschreiben am Montag dann ganz einfach und harmlos. Hattest du dich für die zweite Möglichkeit zu denken entschieden, hast du ein ganzes Wochenende mit negativen Grübeleien und Angst verbracht, dir zwei Tage komplett umsonst Sorgen gemacht.

Es ist also nicht nur emotional extrem belastend, sich ständig Sorgen zu machen, sondern auch noch absolut unproduktiv.

Sich *Sorgen* zu machen, ist nicht nur belastend, sondern meistens auch komplett sinnlos.

Wie kannst du konkret aufhören, dir Sorgen zu machen?

Zum einen kannst du trainieren, deine sorgenvollen Gedanken zu unterbrechen – so wie wir es bereits beim positiven Denken an den Tagen 7 und 8 dieses Trainings besprochen haben: Sage zu dir selbst „STOPP, ich mache mir jetzt keine Sorgen mehr" und beschäftige dich mit anderen Gedanken oder Dingen.

Lerne zu unterscheiden, an welchen unliebsamen Situationen du etwas ändern kannst und an welchen nicht. Mach dir bewusst, dass bei den Situationen, an denen du sowieso nichts ändern kannst, auch dein Grübeln weder hilft noch dich auch nur einen Schritt weiterbringt – so wie in dem bekannten Gelassenheitsgebet des amerikanischen Theologen Reinhold Niebuhr:

„Herr, gib mir die Kraft, Dinge zu ändern, die ich ändern kann,
gib mir die Gelassenheit, Dinge zu akzeptieren,
die ich nicht ändern kann,
und die Weisheit, das eine vom anderen zu unterscheiden."

Kommst du dann zu dem Schluss, dass du an der Situation tatsächlich etwas ändern kannst, dann helfen dir die Sorgen über die Zukunft auch nicht weiter. Überlege dir stattdessen, was du jetzt konkret tun kannst, und mach dich Schritt für Schritt an die Lösung des Problems.

Auch einige der Techniken, die wir in anderen Kapiteln schon kennengelernt haben, können dir helfen, mit dem Sorgenmachen aufzuhören:

- Übe eine der Tätigkeiten aus, die dich in den Flow kommen lassen. Wenn du komplett in einer Arbeit aufgehst, hat dein Gehirn keine Zeit, sich Sorgen zu machen, wird „durchgepustet", damit auch wieder frei. Die negative Gedankenspirale wird unterbrochen und du bist wieder imstande, positiv an die Situation heranzugehen.
- Achte auf gedankliche Verzerrungen: Wenn wir uns ängstigen oder sorgen, ist auch die Gefahr sehr groß, dass wir einer sogenannten gedanklichen Verzerrung zum Opfer fallen. Bei gedanklichen Verzerrungen will uns unser Gehirn von Dingen überzeugen, die tatsächlich gar nicht wahr sind. Wir sagen uns selbst Dinge, die rational und richtig klingen, aber nur dazu dienen, uns noch schlechter zu fühlen. Das sind so Sachen wie „Keiner kann mich leiden …" oder „Ich bin feige, dumm, schwach – ein hoffnungsloser Fall …" oder auch Gedankenlesen wie „Er meint sicher, ich wäre dumm …". Hinterfrage diese Gedanken, so wie an Tag 7 und 8 gelernt.
- Gib der noch unbekannten Situation einen neuen Rahmen (Tag 9 und 10). Frage dich, wie in unserem Beispiel „Was kann das Einschreiben noch bedeuten? Zum Beispiel, dass ich im Lotto gewonnen habe".

Die „Lieblingssorge" der meisten Menschen ist ja der Gedanke: „Was werden wohl die anderen denken?" Falls du das auch schon mal gedacht hast, möchte ich dir hier und jetzt noch gerne ein Geheimnis verraten: Die meisten Menschen sind so damit beschäftigt, sich zu überlegen, was wohl die anderen über sie denken, dass sie überhaupt keine Zeit mehr haben, über dich nachzudenken.

Außerdem ist es ja tatsächlich so, dass die Menschen, die dir wichtig sein sollten, weil du ihnen wichtig bist, sich überhaupt nichts (negatives) denken, bei dem, was du tust.

Übrigens geht sich Sorgen zu machen auch nur für die Zukunft: Wir machen uns Gedanken über etwas, was sein wird, nicht über das, was

gerade im Moment ist. Wer also gelernt hat, im Moment zu leben und den Augenblick zu genießen, macht sich ganz von allein weniger Sorgen. Um dies zu tun, hilft es dir, wenn du für dich eine kurze tägliche Übung findest, um dein inneres Gleichgewicht zu bewahren: gehe Spazieren, meditiere oder bete – egal was. Finde dein „inneres Refugium der Stille", halte inne, gönne dir Pausen im stressigen Alltag, habe Vertrauen in dich und deine Fähigkeiten. Du wirst erstaunt sein, wie schnell sich deine Sorgengedanken in wohltuende positive Gedanken verwandeln und du dich ausgeglichener und glücklicher fühlst.

„Immer ist die wichtigste Stunde die gegenwärtige; immer ist der wichtigste Mensch, der, der dir gerade gegenübersteht; immer ist die wichtigste Tat die Liebe" (Meister Eckhart, deutscher Mystiker und Provinzial der Dominikaner).

Warum das so ist und welche Möglichkeiten es gibt, dein ganz persönliches inneres Refugium der Stille zu finden, schauen wir uns morgen und übermorgen genauer an.

> *Du* wirst dir viel weniger Gedanken darum machen, was andere Menschen über dich denken, wenn du erst einmal weißt, wie selten sie es tatsächlich tun.
> David Foster Wallace

Tag 13 14

KURZ UND KNAPP

- Die meisten Menschen, die sich als „realistisch" bezeichnen, sind in Wahrheit pessimistisch.

- Sich Sorgen zu machen, kostet unglaublich viel Zeit, Energie und Lebensfreude.

- Sich ständig Sorgen zu machen, ist eine Angewohnheit, die erlernt ist und die man sich auch wieder abgewöhnen kann.

- Beim Sorgenmachen machen wir uns schlechte Gefühle zu Dingen und Ereignissen, die im Zweifel gar nicht eintreten.

- Lerne zu unterscheiden, an welchen unliebsamen Situationen du etwas ändern kannst und an welchen nicht. Mach dir bewusst, dass bei den Situationen, an denen du sowieso nichts ändern kannst, auch dein Grübeln nicht hilft und dich keinen Schritt weiterbringt.

- Techniken, die dir helfen, mit dem Sorgenmachen aufzuhören:

  a) Komm in den Flow!

  b) Hinterfrage gedankliche Verzerrungen!

  c) Gib der Situation, um die du dich sorgst, einen anderen Rahmen!

  d) Sorgen machen geht nur in der Zukunft: Wer lernt, im Moment zu leben und den Augenblick zu genießen, macht sich von ganz allein weniger Sorgen.

ÜBUNG

Schreibe dir eine Liste mit all den Dingen, über die du dir in letzter Zeit Sorgen gemacht hast, auf (schon an der Länge deiner Liste kannst du übrigens erkennen, ob du ein optimistischer oder ein pessimistischer Mensch bist).

Schau dir jetzt die Sorgen an, die du dir aufgeschrieben hast; wie viele der negativen Vorstellungen, die du dir gemacht hast, sind auch tatsächlich eingetreten?

Ich wette, es waren höchstens 20 Prozent! Sich Sorgen zu machen, lohnt sich nicht.

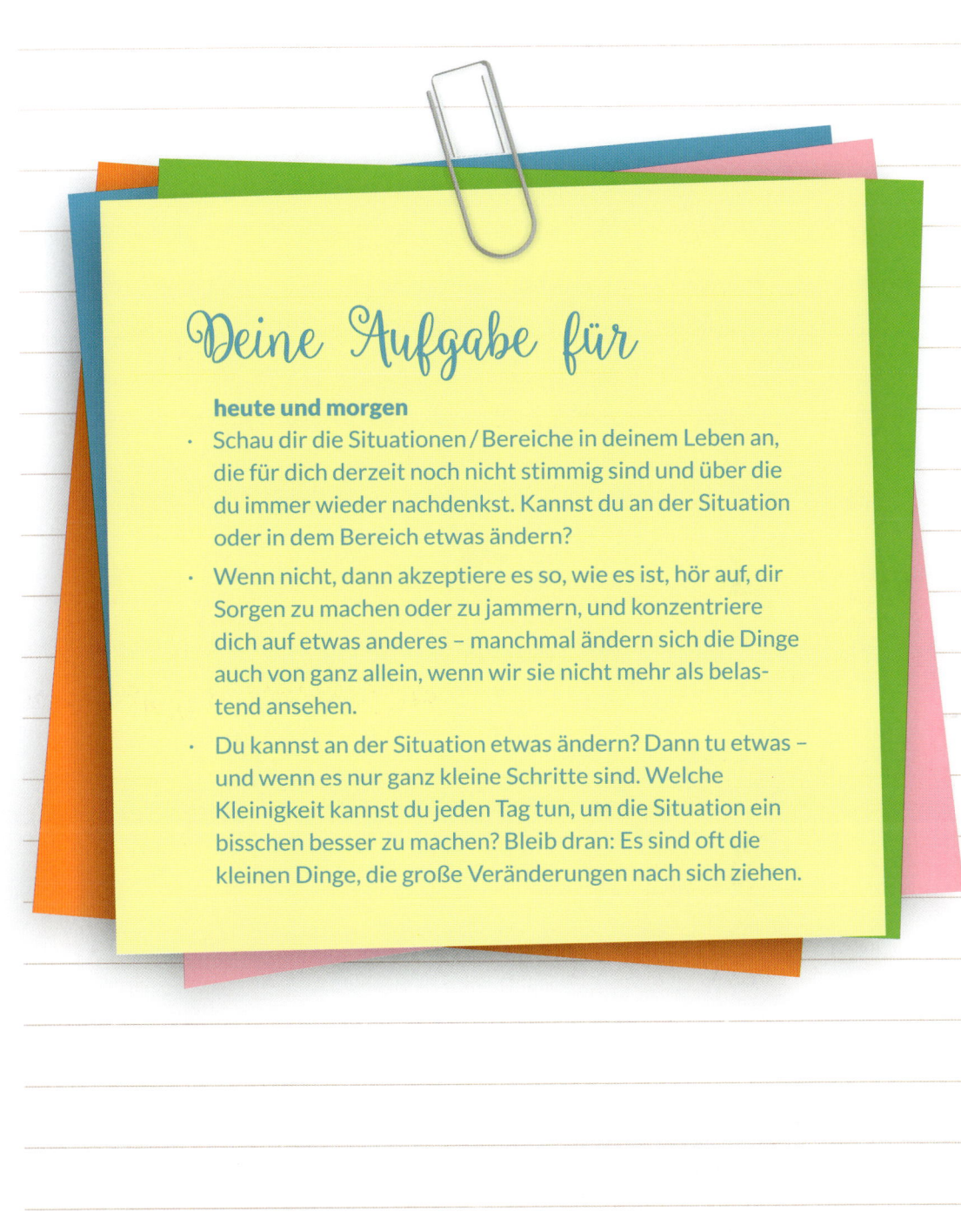

Deine Aufgabe für

heute und morgen

- Schau dir die Situationen / Bereiche in deinem Leben an, die für dich derzeit noch nicht stimmig sind und über die du immer wieder nachdenkst. Kannst du an der Situation oder in dem Bereich etwas ändern?

- Wenn nicht, dann akzeptiere es so, wie es ist, hör auf, dir Sorgen zu machen oder zu jammern, und konzentriere dich auf etwas anderes – manchmal ändern sich die Dinge auch von ganz allein, wenn wir sie nicht mehr als belastend ansehen.

- Du kannst an der Situation etwas ändern? Dann tu etwas – und wenn es nur ganz kleine Schritte sind. Welche Kleinigkeit kannst du jeden Tag tun, um die Situation ein bisschen besser zu machen? Bleib dran: Es sind oft die kleinen Dinge, die große Veränderungen nach sich ziehen.

Gebete ändern nicht die Welt. Aber Gebete ändern Menschen, und Menschen ändern die Welt.

Albert Schweitzer

ALLES OMMM, ODER WAS?

Wenn ich meine Vorträge zum Thema „Glücklichsein" halte, dann kommen regelmäßig nach den Vorträgen Menschen zu mir, die mich darauf hinweisen, dass auch das Beten etwas sei, das sie persönlich sehr glücklich mache, dass sie sehr viel Kraft aus dem Glauben ziehen würden. Auch vom Meditieren und der Achtsamkeit hört und liest man derzeit ständig, dass es glücklich mache. Die Frage ist: Was ist da dran, und was ist überhaupt der Unterschied?

Generell kann man sagen, dass Meditation eine bewusste Aktivität ist, durch die wir unser Gehirn lehren, wie man nicht nur äußerlich ruhig werden kann, sondern auch eine innere Ruhe findet, wie man sich konzentrieren und sich seiner Gedanken und Emotionen bewusst werden kann. Die Meditation ist grundsätzlich nach innen gerichtet, wer meditiert, konzentriert sich intensiv auf eine einzige Sache. Geräusche von außen oder andere Gedanken, die einem durch den Kopf gehen, werden zwar wahrgenommen, aber nicht weiterverfolgt.

Beten hingegen ist ein Zwiegespräch mit Gott, ein Dialog – wobei sich auch ein Betender ganz auf einen Bibeltext oder ein festes Gebet konzentrieren kann und damit auch meditiert.

> *Du solltest täglich 20 Minuten meditieren. Außer wenn du zu beschäftigt bist, dann solltest du eine Stunde meditieren.*
> Alte Zen-Weisheit

Schauen wir uns zunächst die wissenschaftlich erwiesenen Wirkungen der Meditation an

- Meditieren verbessert unsere Aufmerksamkeit und Konzentration: Schon vier Tage mit einem jeweils 20-minütigem meditativen Training genügen, um kognitive Fähigkeiten wie Aufmerksamkeit und Konzentration deutlich zu verbessern.
- Meditieren verändert unser Gehirn physisch: Studien haben bereits gezeigt, dass regelmäßige Meditationen nicht nur die Aufmerksamkeit und Konzentration verbessern, sondern sogar die dafür zuständigen

Hirnregionen effektiv verändern. Bestehende Synapsenverbindungen verstärken sich, verringern sich oder verschwinden sogar ganz, je nachdem, ob wir sie regelmäßig nutzen oder nicht.

· Meditation wirkt auf die verschiedensten Bereiche unseres Lebens: Die Forschungen von Fadel Zeidan, Wissenschaftler an der Wake Forest School of Medicine in Winston-Salem (USA), ergaben, dass Meditation folgende Bereiche unseres Lebens fördert bzw. verbessert:

a) unsere Stimmung
b) unser Gedächtnis
c) unsere Aufmerksamkeit und
d) unsere Konzentration

· Meditation hilft, sich in Stresssituationen an einmal Gelerntes leichter zu erinnern und generell besser mit Stresssituationen umzugehen. So schnitten Meditierende in Tests, die unter Zeitdruck durchgeführt wurden und damit mit Stress verbunden waren, deutlich besser ab als Nichtmeditierende.

· Meditation hilft, die eigenen negativen Emotionen in den Griff zu kriegen: Eine Studie der Universität Yale in New Haven (USA) befasste sich fand heraus, dass Meditierende Gefühle wie Zorn und Ärger besser steuern können.

· Meditative Visualisierungsübungen beeinflussen sogar Körperfunktionen: In einer Studie des Forschers Guang Yue von der Cleveland Clinic Foundation in Ohio wurde nachgewiesen, dass derjenige, der meditative Visualisierungsübungen durchführt, also sich im entspannten Zustand Sachen oder Abläufe vorstellt, tatsächlich entsprechende körperliche Funktionen entwickelt. So wurden z. B. zwei Gruppen von Nichtsportlern untersucht. Die eine Gruppe machte 5-mal in der Woche ein mentales Krafttraining, d. h., die Teilnehmer stellten sich ganz konzentriert vor, wie sie ihre Armmuskeln anspannten (natürlich kontrollierten die Forscher, dass sie nicht versehentlich tatsächlich ihre Armmuskeln anspannten). Die Vergleichsgruppe tat nichts. Schon nach zwei Wochen hatte die Meditationsgruppe eine Zunahme von durchschnittlich 13,5 Prozent an Muskelmasse zu verzeichnen.

· Meditation fördert die Gelassenheit und Selbstbeherrschung: Meditierende, die mit aggressiven Menschen konfrontiert werden, bleiben auffallend entspannt. Sie wirken durch ihre entspannte Körperhaltung sogar beruhigend auf die aggressiven Gesprächspartner ein.

Wissenschaftliche Studien haben also deutlich belegt, dass Meditation beruhigt, Denken und Fühlen in Einklang bringt und hilft, sich gelassen und friedlich zu fühlen. Doch auch Gläubige sind Studien zufolge zufriedener, seltener depressiv und insgesamt stabiler, allerdings nur, wenn Gott als liebender, freundlicher Gott gesehen wird. Gott als strafendes, negatives Wesen wirkt sich auch negativ auf unsere Gefühlswelt aus.

Gott ist Liebe.
Und wer in der Liebe bleibt, der bleibt in Gott und Gott in ihm.
1 Joh 4, 16

Wissenschaftler stellten fest, dass regelmäßige Gebete sich positiv auf die Gesundheit auswirken können:

· Untersuchungen von Medizinern der Harvard Universität (USA) zeigen, dass gläubige und betende Patienten nach Operationen weniger lang bettlägerig sind. Sie brauchten weniger Schmerzmittel, und ihr Blutdruck normalisierte sich schneller.

· Wissenschaftler der Duke-Universität von North Carolina (USA) haben festgestellt, dass religiöse Patienten sich schneller von Depressionen aufgrund von Schlaganfällen erholen. Beten vermindert die Atemfrequenz, vermindert und fördert – wie auch die Meditation – die Konzentration und innere Ruhe.

- Studien von Professor Dale A. Matthews der Georgetown University (USA) bestätigten, dass das Gefühl von Schutz und Geborgenheit, von Kraft, innerem Halt und Frieden unsere körpereigenen Heilkräfte weckt.

Beten hat also laut der mir bekannten Studien ähnlich positive Auswirkungen auf unsere Gesundheit wie das Meditieren.

Machen Meditieren und der Glaube als solche uns auch wirklich glücklich?

Die Frage ist, ob es bei der Meditation (gerade auch als ursprünglich buddhistische Praktik) und der Religion überhaupt um individuelle Glücksgefühle geht. Buddhistische Praktiken haben ja gerade nicht das Ziel, unser Ego in einen wohligen Glücksrausch zu versetzen, sondern achtsam zu sein und Weisheit zu erlangen. Auch das Christentum stellt die Liebe zu Gott und den Mitmenschen vor das individuelle Glücksgefühl.

> Individuelles Glück zu erschaffen, ist weder der Sinn von Meditation noch unseres christlichen Glaubens.

Ein Forscherteam der Humboldt-Universität und der University of Southampton (USA) kommt bei der Untersuchung von Daten von über 200.000 Menschen aus elf Ländern zu dem Ergebnis, dass in Ländern, in denen Religiosität in der Gesellschaft weniger hoch angesehen ist und die Kirche keine bedeutende Rolle spielt, sich gläubige und nichtgläubige Menschen kaum in ihrem Wohlbefinden und Selbstwertgefühl unterscheiden. In „religiösen Ländern", zum Beispiel in Polen oder der Türkei, hatten gläubige Menschen dagegen ein höheres Selbstwertgefühl und waren zufriedener als Nichtgläubige. Laut ihren Untersuchungen macht Religiosität also offenbar glücklich, wenn Menschen dafür sozial anerkannt werden, nicht aber per se.

Andererseits kann man aber wiederum feststellen, dass gerade in Ländern, in denen Menschen wegen ihres Glaubens verfolgt werden, diese Menschen besonders viel Kraft aus ihrem Glauben ziehen und damit wohl auch ein gewisses Glücksgefühl. Hier spielt wohl auch das starke Gemeinschaftsgefühl eine Rolle, das Gläubige in ihrer Glaubensgemeinschaft erfahren. Insgesamt ist es also schwierig festzustellen, ob der Glaube generell glücklich macht. Das ist wohl eine sehr individuelle Sache.

Im besten Fall verbindet uns unsere Religion jedoch mit der allumfassenden Liebe. Sind wir mit (einem) Gott verbunden, sind wir Teil dieser allumfassenden Liebe, Teil eines großen Ganzen. Wenn Gott in allem ist, dann sind damit auch wir göttliche Wesen und damit genau richtig so, wie wir sind. Wir achten mehr auf uns und unsere Wünsche. Wir müssen nicht mehr im Außen nach Dingen suchen, die unsere inneren Mängel ausgleichen. Wir können einfach wir selbst sein.

> Wenn *Gott* in allem ist, dann sind damit auch wir göttliche Wesen und damit genau richtig so, wie wir sind.

Der Glaube lässt uns tiefe Dankbarkeit empfinden, für all das, was in unserem Leben bereits ist. Allein durch das kurze Gebet vor dem Essen wird uns bewusst, dass vermeintlich Selbstverständliches eben nicht für alle Menschen selbstverständlich ist.

Der Glaube gibt unserem Leben auch deswegen einen Sinn, weil er die zeitliche Begrenzung unseres Lebens aufhebt und uns auf ein Weiterleben, in welcher Form auch immer, hoffen lässt. Er schenkt uns das Vertrauen auf eine wohlwollende Macht, die uns beschützt – und das ist auf jeden Fall sehr viel wert und macht vielleicht genau dich auch tatsächlich glücklich.

Tag 15 16

KURZ UND KNAPP

- Meditation ist Konzentration nach innen.
- Ein Gebet ist grundsätzlich ein Dialog, ein Gespräch mit Gott, kann aber durchaus auch meditativ sein.
- Sowohl Meditation als auch Gebet haben erwiesenermaßen positive Auswirkungen auf unsere Gesundheit, unsere Stressresistenz und unser Wohlbefinden.
- Ob Meditation und Gebet tatsächlich glücklich machen, ist wohl sehr individuell, und es stellt sich die Frage, ob das überhaupt ihre (Kern-)Aufgabe ist.

ÜBUNG

Einfache Atemmeditation: Die wohl leichteste Art zu meditieren ist, dich einfach auf deinen Atem zu konzentrieren und damit deinen Kopf frei zu bekommen, deine Gedanken zu beruhigen.

Setze dich bequem hin, atme tief und ruhig durch die Nase und aus. Du brauchst den Atem nicht zu beeinflussen, dein Körper findet ganz allein den für ihn besten Atemrhythmus.

Beobachte deinen Atem. Konzentriere dich dabei auf eines der folgenden Dinge:

- Wie hebt und senkt sich der Bauch?
- Wie fühlen sich die Atemzüge an den Nasenlöchern an?

Konzentriere dich darauf, wie der Atem kommt und geht.

Schweifen deine Gedanken ab, dann führe deine Aufmerksamkeit einfach wieder zurück auf das Ein- und Ausatmen. Du brauchst nicht mit dir zu hadern: Es ist ganz normal, immer wieder abzuschweifen – vor allem dann, wenn du gerade erst mit dem Meditieren angefangen hast. Das ist völlig in Ordnung. Kehre einfach wieder und wieder zurück zur Konzentration auf die Atmung.

Am Anfang hilft es oft, die einzelnen Atemzüge zu zählen. Sobald du bei zehn bist, beginnst du wieder von vorn.

Je häufiger du sie trainierst, umso schneller beruhigen sich dein Körper und deine Gedanken.

Deine Aufgabe für

heute und morgen

· Stell dir mal die „Gretchenfrage" aus Goethes „Faust": „Sag wie hältst du's mit der Religion?" Mach dir mal ernsthaft Gedanken darüber. Bist du gläubig? Was genau glaubst du? In welchen Situationen hilft dir dein Glaube? Betest du?

· Oder auch: Hast du es mal mit Meditation versucht? Wie hat es sich angefühlt? Hast du dich danach besser gefühlt?

· Von allem, was dir guttut, darfst du mehr in dein Leben ziehen.

Von allen Geschenken, die uns das Schicksal gewährt, gibt es kein größeres Gut, als die Freundschaft – keinen größeren Reichtum, keine größere Freude.

Epikur von Samos

GUTEN FREUNDEN GIBT MAN EIN KÜSSCHEN!

Ein ganz großer Glücksgarant für uns sind stabile soziale Beziehungen und Freunde. Dich in einem Verein zu engagieren, dich regelmäßig mit deinen Freunden zu treffen, Zeit mit deiner Familie zu verbringen: Das alles sind Tätigkeiten, die deinen Serotoninspiegel steigen und dich glücklich sein lassen. Einsamkeit dagegen bedeutet Stress für Körper und Seele. Wer ständig alleine ist, dessen Immunsystem ist geschwächt, die geistige Leistungsfähigkeit ist herabgesetzt, wird unruhig und traurig.

Aus diesem Grund sind Freundschaften eine enorme Glücksquelle. Mit Freunden zusammen zu sein, die uns vorbehaltlos annehmen und wertschätzen, steigert die Lebenszufriedenheit in hohem Maße.

Mehrere Untersuchungen aus Westeuropa und den USA an einigen 10.000 Menschen haben ergeben, dass Freunde unser Leben nicht nur bereichern, sondern sogar verlängern: Unsere Beziehungen beeinflussen unsere Lebenserwartung mindestens so stark wie Bluthochdruck, Übergewicht oder regelmäßiger Sport. Während Rauchen unser Sterblichkeitsrisiko um das Anderthalbfache erhöht, verdoppelt Einsamkeit es sogar. Menschen, die schwer krank sind, konnten in Studien ihre Lebenserwartung verlängern, wenn sie zusätzlich zur Therapie die Möglichkeit hatten, sich mit anderen Patienten auszutauschen, und sich verstanden fühlten.

> In der *Welt* gibt es mehr Hunger nach Liebe und Wertschätzung als nach Brot.
> Mutter Teresa

Je stärker unser Netzwerk von Freunden ist, umso glücklicher sind wir und umso besser geht es uns. Doch sind es genau die Treffen mit Freunden, die wir für die vermeintlich wichtigeren Dinge im Leben immer wieder verschieben oder ganz weglassen – weil wir mehr arbeiten müssen, um mehr Geld zu verdienen … weil wir gerade sonst so viel um die Ohren haben …, weil gerade heute Abend unser Lieblingsfilm im Fernsehen läuft … Dabei gehört „Ich wünschte, ich hätte mehr Zeit mit Freunden und Familie verbracht" zu den „5 Dingen, die Sterbende am meisten bereuen", wie Bronnie Ware in ihrem gleichnamigen Bestseller bestätigt.

Einen extra Glücksschub erhalten wir, wenn wir uns mit glücklichen Menschen umgeben. Aus der Erfolgsforschung kommt die These, dass wir in unseren Einstellungen, Denkweisen und Werten der Durchschnitt der fünf Menschen sind, die uns am meisten umgeben. Es macht also durchaus Sinn, sich sein Umfeld einmal genauer anzusehen.

Wer unglücklich ist, sucht sich vielfach Freunde, die es auch sind. Wer niedergeschlagen oder traurig ist, möchte dieses Gefühl oft gerne mit anderen teilen. Sich mit Menschen zu umgeben, die die gleiche Sichtweise haben wie man selbst, gibt einem ein (falsches) Gefühl von Sicherheit – sogar dann, wenn die Sichtweise unglücklich macht. Wer sich immer nur mit anderen über seine Probleme austauscht, kann sich nicht besser fühlen und glücklich sein. Wer unglücklich ist und sich mit unglücklichen Menschen umgibt, wird noch weiter nach unten gezogen. Gerade wenn es uns nicht so gut geht, ist es besonders wichtig, uns mit glücklichen Menschen zu umgeben.

> Wer die *Freundschaft* aus dem Leben streicht, nimmt die Sonne aus der Welt.
> Cicero

Woran erkennst du glückliche Menschen?

Glückliche Menschen lächeln häufig und sind im Alltag fröhlich. Glückliche Menschen nehmen sich Zeit zum Entspannen und für Tätigkeiten, die ihnen Spaß machen. Sie leben im Hier und Jetzt, und kleine Alltagshindernisse werfen sie nicht aus der Bahn. Sie haben gute Freunde und sind freundlich zu Fremden. Sie freuen sich für andere und unterstützen sie gerne. Glückliche Menschen sind dankbar, bewegen sich regelmäßig und schlafen gut. Sie können über Schwierigkeiten und vor allem auch über sich selbst lachen.

Hast du solche Menschen in deinem Bekanntenkreis? Das ist gut! Beobachte sie, und schau dir deren positives Verhalten ab, um es für dich selbst zu übernehmen. Wie verhält er oder sie sich bei Herausforderungen? Wie ist sein oder ihr Umgang mit anderen Menschen?

Aber Achtung, es geht um deren positives Verhalten, nicht um deren Lebensumstände! Nur weil deine Freundin mit ihrer Großfamilie und dem Hund glücklich ist, muss das für dich selbst nicht das Richtige sein. Auch die große Villa, das schnelle Auto und die sexy Freundin des Kollegen sind keine Glücksgaranten für dich selbst. Vergleiche niemals das Äußere eines anderen mit deinem eigenen und seinem Inneren. Glück ist immer individuell. Selbst das, was dich jetzt persönlich glücklich macht, kann für dich in einigen Jahren schon wieder einen ganz anderen Stellenwert haben.

Wenn du dich bewusst mit glücklichen Menschen umgibst, ist die logische Konsequenz, dich von solchen Menschen zu trennen, die dir nicht guttun – und das ist nicht immer leicht.

Das heißt natürlich nicht, dass du jedes Gespräch mit Freunden, die dich um Hilfe bitten oder mal über ihre Sorgen sprechen möchten, abbrechen und dich von diesen Menschen lösen solltest. Im Gegenteil: Sich der Sorgen und Nöte der anderen anzunehmen und ihnen beizustehen, ist natürlich Bestandteil einer jeden Freundschaft. Auch wir selbst brauchen ja manchmal jemanden, um unsere Sorgen zu besprechen, um dann vielleicht auch gemeinsam auf Lösungen zu kommen. Wenn jedoch das gemeinsame Jammern und Kritisieren die Grundlage eurer Beziehung ist und der andere dir zeigt, dass er eigentlich seine Probleme gar nicht ernsthaft lösen will, sondern im Gegenteil schaut, dass diese möglichst niemals ein Ende nehmen, dann tut dir dieser Mensch nicht gut. Blicke zurück auf eure Freundschaft und frage dich:

· Fühle ich mich nach einem Treffen mit diesem Freund besser oder schlechter?
· Gibt mir dieser Mensch Kraft, oder raubt er mir meine Kräfte?
· Bereichert uns diese Freundschaft beide (noch)?

Kommst du zu dem Schluss, dass der Mensch dir nicht (mehr) guttut, dann gehe auf Distanz und lasse ihn aus deinem Leben gehen.

Während es bei weitläufigeren Bekannten noch einfach ist, den Kontakt abzubrechen oder „auslaufen" zu lassen, sieht das bei engen Familienangehörigen schon um einiges schwieriger aus. Und wer von uns hat nicht jemanden in der Familie, der sich selbst allzu gerne stundenlang darüber reden hört, wie schlecht die Welt doch sei, wie übel einem das Alter mitspiele und welche Krankheiten und Wehwehchen ihm oder ihr das Leben schwer machen? Zeit mit diesen Jammerern und Nörglern zu verbringen, zieht uns extrem nach unten oder kostet uns unglaublich viel Energie.

Steht dir die Person trotzdem so nahe, dass du sie nicht aus deinem Leben verabschieden willst, dann widme ihr deine Zeit bewusst und quasi als Geschenk: Lass sie jammern und wende für dich die „Beim-einen-Ohr-rein-beim-anderen-Ohr-wieder-raus-Taktik" an. Lächle und singe in Gedanken ein Lied – wende alle Tricks dieses Buches an, die dich selbst wieder in gute Stimmung bringen, und lass dir dein Glück nicht nehmen!

Tag 17 | 18

KURZ UND KNAPP

· Freundschaften sind eine enorme Glücksquelle.

· Einsamkeit macht uns krank.

· Umgib dich mit glücklichen Menschen.

· Glückliche Menschen nehmen sich Zeit zum Entspannen und für Tätigkeiten, die ihnen Spaß machen. Sie leben im Hier und Jetzt, und kleine Alltagshindernisse werfen sie nicht aus der Bahn. Sie haben gute Freunde und sind freundlich zu Fremden. Sie freuen sich für andere und unterstützen sie gerne. Glückliche Menschen sind dankbar, bewegen sich regelmäßig und schlafen gut. Sie können über Schwierigkeiten und vor allem auch über sich selbst lachen.

· Schau dir das Verhalten von glücklichen Menschen ab – nicht ihre Lebensumstände.

· Trenne dich von Menschen, die dir nicht guttun.

· Kannst du dich nicht von ihnen trennen, so schenke ihnen deine Zeit bewusst und bringe dich dann selbst wieder in einen guten Gefühlszustand.

ÜBUNG

Schreibe dir die 20 Menschen auf, die dir in deinem Leben am wichtigsten sind. Schreibe dann zu jedem dazu, wann du ihn oder sie zum letzten Mal gesehen oder gesprochen hast, und überlege dir, ob dieser Zeitraum für dich in Ordnung ist. Wenn ja, dann schaue, diese zeitlichen Abstände nicht größer werden zu lassen. Wenn nein, nimm deinen Terminkalender zur Hand und trag dir konkrete Daten ein, an denen du die Menschen, mit denen du zu wenig Kontakt hattest, anrufen oder besuchen wirst.

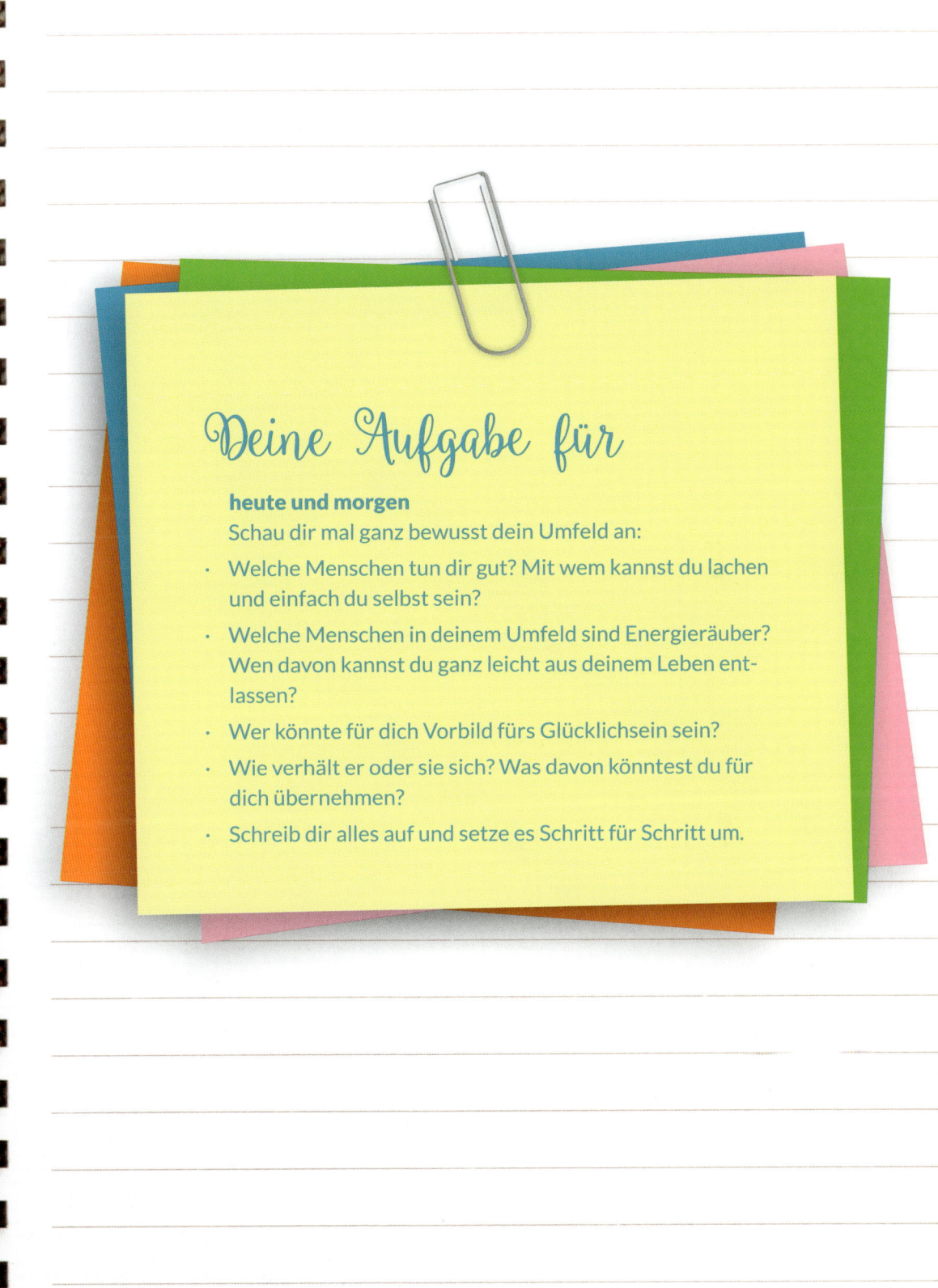

Deine Aufgabe für

heute und morgen

Schau dir mal ganz bewusst dein Umfeld an:

- Welche Menschen tun dir gut? Mit wem kannst du lachen und einfach du selbst sein?

- Welche Menschen in deinem Umfeld sind Energieräuber? Wen davon kannst du ganz leicht aus deinem Leben entlassen?

- Wer könnte für dich Vorbild fürs Glücklichsein sein?

- Wie verhält er oder sie sich? Was davon könntest du für dich übernehmen?

- Schreib dir alles auf und setze es Schritt für Schritt um.

Das Geheimnis des Glücks liegt nicht im Besitzen, sondern im Geben.

WER ANDERE GLÜCKLICH MACHT, WIRD GLÜCKLICH

„Willst du glücklich sein im Leben,
trage bei zu and'rer Glück.
Denn die Liebe, die wir geben,
kehrt ins eig'ne Herz zurück."
Johann Wolfgang von Goethe

Kennst du diesen alten Poesiealbenspruch noch? Ein Spruch, in dem viel Wahres steckt, denn Helfen macht tatsächlich glücklich. Das ist durch Glücksforschung und die positive Psychologie wissenschaftlich nachgewiesen. Wer anderen hilft und sich sozial engagiert, tut sich selbst genauso etwas Gutes wie den Menschen, denen geholfen wird.

In der Studie „Sozio-ökonomisches Panel", einer großen Untersuchung der Lebenszufriedenheit der Deutschen, werden seit 1984 jährlich mehrere Tausend Haushalte nach ihren Lebensumständen und ihrer Zufriedenheit befragt. Dabei wurde immer wieder festgestellt, dass die zufriedensten Menschen mit Abstand diejenigen waren, die das Glück ihrer Mitmenschen an die erste Stelle stellten. Jetzt sind die befragten und glücklichsten Deutschen natürlich nicht alles Heilige. Auch ihnen ist die eigene Lebensfreude, ihr Einkommen oder ihr berufliches Fortkommen wichtig. Müssten sie jedoch zwischen eigennützigen Wünschen und dem Gedeihen und Glück ihrer Familie und Freunde wählen, so entscheiden sie sich immer für das fremde, nicht für das eigene Glück. Und genau so handeln sie auch: Wenn ihr Einsatz oder ihre Hilfe gebraucht wird, sind sie da.

Tatsächlich verschafft uns schon der Entschluss, etwas für unsere Mitmenschen zu tun, gute Gefühle. Auch dann, wenn wir den Empfänger gar nicht kennen und auch keine Gegenleistung erwarten können. Bei einem Versuch der kanadischen Psychologin Elisabeth Dunn wurde

Sei du selbst
die Veränderung,
die du dir wünschst für
diese Welt.
Mahatma Gandhi

Personen jeweils ein größerer Geldschein in die Hand gedrückt. Der eine Teil der Versuchsteilnehmer durfte sich selbst damit einen beliebigen Wunsch erfüllen. Der andere Teil der Teilnehmer durfte dagegen nur wählen, welchem Außenstehenden oder welchem guten Zweck sie den Geldschein zukommen lassen wollten. Als die Teilnehmer dann gefragt wurden, was sie glaubten, was ihre Laune mehr heben würde, antworteten alle, dass es natürlich besser wäre, sich selbst eine Freude zu machen. Doch in Wirklichkeit waren hinterher stets die zum Weiterschenken Verpflichteten in besserer Stimmung.

> Glückliche Menschen stellen das Wohl anderer über das eigene Glück.

Geben macht also glücklich – aber warum ist das so?

· Zum einen werden, wenn wir anderen Menschen helfen, in unserem Gehirn die Hirnareale angesprochen, die auch für unser Belohnungssystem zuständig sind. Es wird der Botenstoff Dopamin ausgeschüttet, der uns glücklich macht.

· Außerdem steigt unser Selbstwertgefühl. Denn wenn wir jemandem helfen, dann machen wir die Erfahrung, dass wir etwas bewegen können. Das muss nicht gleich der Aufbau eines riesigen Hilfsprojekts in einem der armen Länder sein. Jemandem, der sich nicht auskennt, am PC zu helfen oder der älteren Dame die Einkaufstaschen zu tragen, reicht aus, um die Erfahrung zu machen, wichtig und wertvoll zu sein. Oft sind es auch kleine, persönliche Ereignisse, die uns dazu anregen, uns für andere einzusetzen. Vielleicht ist es die Flüchtlingsfamilie, die in der Nähe untergebracht wird, vielleicht ist es persönliche Betroffenheit (etwa ein an Krebs erkrankter Verwandter), im Altersheim den Menschen vorlesen oder mit ihnen spazieren gehen, als Schülerlotse den Kindern sicher über die Straße helfen oder was auch immer. Du findest sicherlich etwas für dich, denn wem

> Anderen eine *Freude* zu machen, macht uns glücklicher, als uns selbst eine Freude zu machen.

von uns ist nicht schon mal der Satz „da müsste man eigentlich mal was tun ..." durch den Kopf gegangen? Es ist dabei egal, wie groß oder klein das Projekt ist, für das man sich engagiert, wichtig ist vor allem, dass es im direkten Kontakt mit anderen und regelmäßig passiert, haben die Forscher herausgefunden.

· Martin Seligman, ein Glücksforscher, hält vor allem den Effekt für wichtig, dem eigenen Leben durch den Einsatz für eine gute Sache und / oder für andere Menschen eine höhere Bedeutung zu verleihen. Wenn wir den Eindruck haben, dass es sehr wohl einen Unterschied macht, ob wir auf der Welt sind oder nicht, hat unser Leben einen Sinn – eine ganz wichtige Voraussetzung für ein nachhaltiges Glücksgefühl.

· Schließlich fühlen wir uns beim Helfen auch mit anderen Menschen verbunden, ein Gefühl, das bei uns starke Glücksgefühle auslöst. Liebe, Freundschaft und Anerkennung sind für uns genauso wichtig wie die Luft zum Atmen. Wir erhalten Dankbarkeit und Anerkennung von den Menschen, denen wir helfen, und schließen vielleicht sogar neue Freundschaften mit anderen Helfern. Das erklärt auch die großen Hilfswellen, die bei großen Katastrophen einsetzen. Ist die Not greifbar, helfen viele Menschen, die sich zuvor nicht für andere eingesetzt haben. Der Lohn für unseren Einsatz: Wir spüren wieder die Verbundenheit mit anderen Menschen. Damit wird eine Kaskade positiver Gefühle in Gang gesetzt, die weit über unser eigenes Wohlbefinden hinausgeht und unser gesamtes Umfeld positiv beeinflusst.

Anderen zu helfen, gibt unserem Leben einen Sinn.

Mit dem Glücklichsein ist es wie mit der Liebe – je mehr man gibt, desto mehr bekommt man zurück. Und manchmal reicht dazu schon ein Lächeln, ein freundliches Wort oder ein ernst gemeintes Kompliment. Zum Schluss möchte ich dir noch ein chinesisches Sprichwort mit auf den Weg geben:

„Willst du eine Stunde glücklich sein, so schlaf ein bisschen.

Willst du einen Tag glücklich sein, so gehe in die Natur.

Willst du ein Jahr glücklich sein, so erbe ein Vermögen.

Willst du für den Rest deines Lebens glücklich sein, so hilf einem anderen."

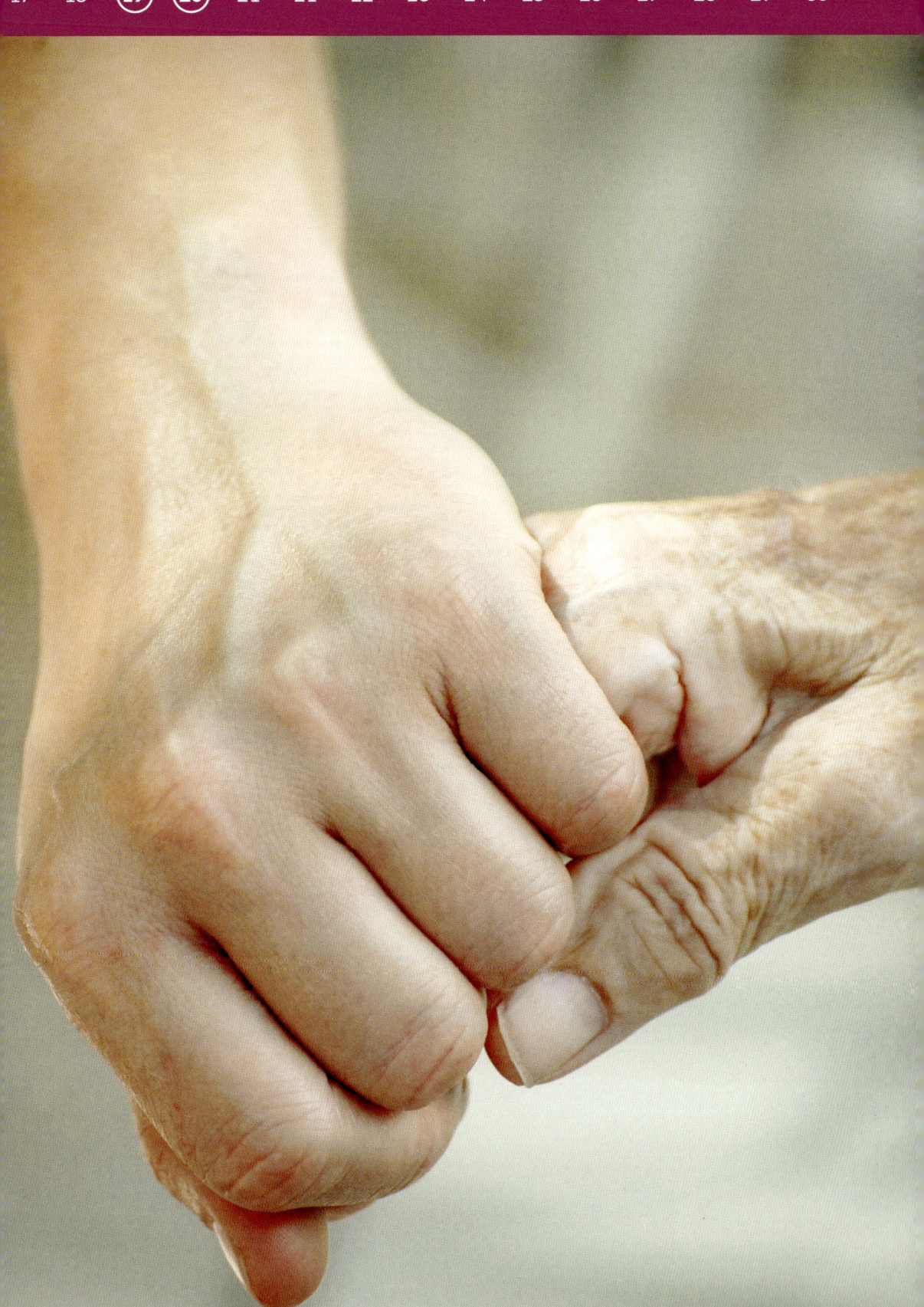

Tag 19 20

KURZ UND KNAPP

- Die zufriedensten Menschen sind mit Abstand diejenigen, die das Glück ihrer Mitmenschen an erste Stelle stellen.
- Anderen eine Freude zu machen, macht uns sogar glücklicher, als uns selbst eine Freude zu machen.
- Anderen zu helfen, steigert unser Selbstwertgefühl und gibt unserem Leben einen Sinn.
- Die Verbundenheit mit anderen Menschen lässt uns starke Glücksgefühle erleben.

ÜBUNG

Suche dir einen Tag aus und vollbringe an diesem drei gute Taten. Egal, ob sie groß oder klein sind, aber wichtig ist, dass du dir verschiedene gute Taten überlegst. Du brauchst nicht alle guten Taten einer einzigen Person zukommen zu lassen, und die Personen, die du unterstützt, müssen es nicht einmal wissen oder bemerken. Du könntest z. B. auch Blut spenden. Schreibe dir nach jeder guten Tat mit mindestens zwei Sätzen auf, was du getan hast und wie gut du dich beim Helfen gefühlt hast. Versuche, diese Übung über sechs Wochen einmal in der Woche zu machen, und beobachte, wie sehr dein Glücksgefühl steigt.

Deine Aufgabe für

heute und morgen

· Wo kannst du heute und morgen jemandem ganz konkret helfen?

· Wo wirst genau du mit deinen einzigartigen Fähigkeiten gebraucht?

Auch wenn du verzeihst, änderst du die Vergangenheit nicht – aber du veränderst auf jeden Fall die Zukunft.

Bernard Meltzer

ICH HOFFE, DU VERZEIHST ...

Du weißt inzwischen, dass und warum unser Glück in unserem Kopf wohnt und dass wir uns jeden Tag auf ein Neues für das Glücklichsein entscheiden und bewusst darauf konzentrieren dürfen, unsere Gedanken zu steuern.

Die Königsdisziplin in der Veränderung der Gedanken ist für mich das Verzeihen. Es ist nicht leicht zu verzeihen, und doch hat wirkliches Verzeihen die größten positiven Auswirkungen auf uns – sowohl seelisch als auch körperlich.

Vielleicht hast du ja einen Menschen in deinem Leben, bei dem sich bei dir schon die Nackenhaare aufstellen und der Magen zusammenkrümmt, wenn du ihn oder sie auch nur siehst? Oder es gibt einen Menschen, dem du tatsächlich oder in Gedanken „Das werde ich dir nie verzeihen." gesagt hast?

Durch dieses „nie verzeihen" haben wir zumindest unterbewusst das Gefühl, den anderen zu bestrafen und uns gleichzeitig für den Schmerz oder die Demütigung, die er oder sie uns zugefügt hat, zu rächen. Das ist zwar menschlich nachvollziehbar, aber leider nicht sinnvoll, denn derjenige, der von dieser vermeintlichen Bestrafung am meisten getroffen wird, sind wir selbst. Wer Groll hegt und nicht verzeihen kann, leidet oft nicht nur seelisch, sondern auch körperlich: Rückenschmerzen, Schlaflosigkeit und Magenprobleme sind einige der körperlichen Beschwerden, die Dr. Frederic Luskin von der Stanford-Universität (USA) in seiner Studie zu dem von ihm entwickelten Vergebungstraining nachweisen konnte.

> Wer an seinem Schmerz festhält, bestraft sich letzten Endes selbst.
>
> Felice L. Buscaglia

Wenn du nicht verzeihen kannst, bleibst du gedanklich immer in der Vergangenheit hängen, denn jedes Mal, wenn du diesen Menschen siehst, denkst du an das, was er in der Vergangenheit mal getan oder zu dir gesagt hat. Du gehst damit in deinem Leben nicht weiter, machst keinen Schritt in die Zukunft. Du lässt zu, dass jemand es schafft, dass du dir immer wieder schlechte Gefühle machst, und verschwendest ungeheure Kraft in Hass, Zorn, Bitterkeit und Rachegedanken. Du bleibst in der Vergangenheit und legst damit immer und immer wieder den Finger in die Wunde, statt zuzulassen, dass die Wunde verheilt. Solange du gegen jemanden einen Groll hegst, solange wird auch dein Schmerz andauern, und während du selbst leidest, weiß der Mensch, der dir Böses angetan hat, unter Umständen schon gar nichts mehr von dieser Sache, oder sie ist ihm überhaupt gleichgültig.

Egal wie groß der Schmerz war, den dir jemand angetan hat, egal wie sehr du darunter gelitten hast: Schmerz und Leiden WAREN, sie liegen in der Vergangenheit. Du allein entscheidest, wie du HEUTE darüber denkst. Lass nicht zu, dass Verletzungen vergangener Tage dir deine Gegenwart zerstören oder gar deine Zukunft. Die Verletzung selbst ist vorbei, es sind deine Gedanken daran, die dir jetzt noch wehtun, und die kannst du ändern.

Vielleicht glaubst du, dass Verzeihen ein Zeichen von Schwäche sei. Tatsächlich ist aber genau das Gegenteil der Fall: Es erfordert eine ganze Menge Kraft und Stärke, mit erlittenem Leid endlich abzuschließen. Es kostet uns aber mindestens genauso viel Kraft und Energie, dauerhaft in der Opferposition zu bleiben: zu grollen, zu hadern und auf Genugtuung zu hoffen.

Übernimm die Verantwortung für dein Leben

Hier kommen wir wieder an den Punkt der Verantwortung für unser Leben. Bist du Opfer der Umstände bzw. in diesem Fall Opfer eines „Täters", der was auch immer getan oder gesagt hat, das dich verletzt hat, oder bist du Schöpfer deiner Umstände und beschließt, von diesem Menschen dein Leben nicht mehr beeinflussen zu lassen?

Verzeihen heißt, einen emotionalen Abstand zum Erlebten zu bekommen. Es heißt nicht, dem anderen recht zu geben oder sein Tun zu entschuldigen oder gutzuheißen.

Vergeben ist unser Recht darauf, uns nicht mehr von der Vergangenheit quälen zu lassen.

117

Und auch wenn du „recht hast": Recht haben allein macht auch nicht glücklich. Glücklich wirst du, wenn es dir gelingt, die negative Energie aus dem Geschehenen herauszunehmen und sinnvoll für die eigene Gegenwart und Zukunft zu nutzen; wenn du die Verantwortung für das eigene Leben wieder übernimmst und zulässt, dass die Dinge wieder besser werden können.

Der *Schwache* kann nicht verzeihen. Verzeihen ist eine Eigenschaft des Starken.
Mahatma Gandhi

Und noch etwas: Solange du den Groll nicht auflöst, wird er immer in deinem Leben bleiben und an immer wieder anderen Stellen auftauchen. Du kennst das vielleicht: Da stresst dich monatelang eine biestige Arbeitskollegin, und wie durch ein Wunder wird sie versetzt. Du freust dich riesig, bis kurz darauf eine neue Kollegin auftaucht, die genauso unerträglich ist oder an einer anderen Stelle jemand in deinem Leben beginnt, dich zur Weißglut zu bringen. Deine Probleme bleiben so lange, bis du mit dir selbst wieder im Reinen bist.

Vielleicht hilft dir auch der Gedanke, dass wir nur zwei Arten von Menschen in unserem Leben haben: Freunde und Lehrer.

Deine Probleme sind immer da, wo du auch bist!

Mit Freunden ist es sowieso angenehm zu leben. Interessant sind die Lehrer in unserem Leben. Zunächst darfst du davon ausgehen, dass du niemanden bestrafen musst: Das macht das Leben von ganz allein. Wer Gutes sät, wird Gutes ernten, wer Schlechtes tut, also lügt, betrügt und andere verletzt, der wird auch Schlechtes ernten und wird so für sein Tun bezahlen müssen.

Die Fragen, die wir uns stellen dürfen, wenn wir wieder einem Lehrer begegnen, ist:

· Was bietet mir dieser Mensch gerade zum Lernen an?
· Was kann ich aus der Situation lernen?
· Wie kann ich wachsen?
· Was kann ich das nächste Mal anders machen?
· Was lerne ich daraus?

118

Der Lehrer ist quasi nur Trainingspartner für uns, der uns spiegelt, wo es bei uns selbst noch hakt, wo wir selbst noch besser werden und uns verändern können. Denn nur wenn WIR uns verändern, verändern sich auch die Dinge um uns herum – auch wenn es uns lieber wäre, wenn sich einfach die anderen verändern würden.

Ich will an diesem Punkt auch nicht verschweigen, dass es uns nicht immer bei allen Sachen gelingen kann, aus eigener Kraft loszulassen und zu verzeihen. Wer Missbrauchsopfer oder Opfer von Kriminal- und Gewalttaten geworden ist oder auch betrogen und zutiefst verletzt wurde, schafft es oft nicht alleine zu verzeihen. Wenn du das bei dir bemerken solltest, hol dir bitte Hilfe bei einem Therapeuten, Coach oder Arzt. Das hat nichts mit Schwäche oder Kranksein zu tun, sondern einfach damit, dass du es dir selbst wert sein solltest, die Hilfe anzunehmen, die du bekommen kannst, um wieder frei und glücklich zu leben. Denn es ist dein Leben.

Vergib zunächst dir selbst das, was du dir angetan hast, denn du hast dich selbst am meisten verletzt, als du dir deine Liebe entzogen hast.
Robert Betz

Es geht auch nicht nur darum, anderen zu vergeben. Oft ist es noch schwerer, sich selbst zu vergeben. Wenn beispielsweise schlechtes Gewissen uns quält, weil wir wider besseres Wissen im Beruf nicht kürzergetreten sind, um mehr auf uns zu achten, weil wir wieder nicht zum Sport gegangen sind oder unsere Kinder angeschrien haben. Verzeih dir selbst: Wir Menschen sind nicht perfekt, und Fehler sind erlaubt. Hör auf, dich mit Selbstvorwürfen zu quälen, sondern schaue, wie du ein anderes Mal in der gleichen Situation besser reagieren kannst. Überleg dir neue Reaktionsmöglichkeiten und spiele diese gedanklich immer wieder durch. Trifft die Situation dann wieder ein, weißt du schon unterbewusst, wie du am besten darauf reagieren kannst.

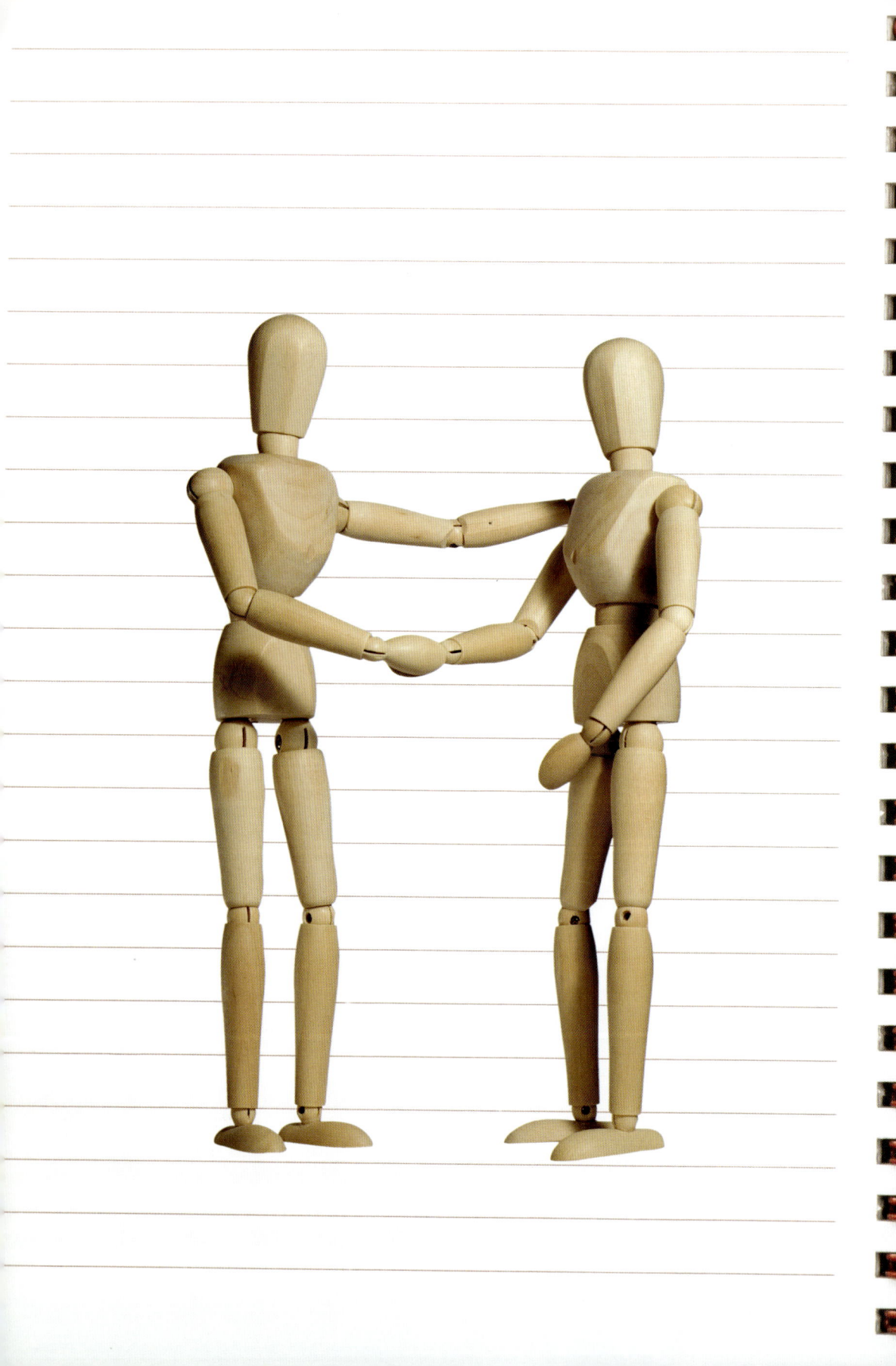

Tag 21|22

KURZ UND KNAPP

· Wer nicht verzeiht, leidet selbst – seelisch und körperlich.

· Nicht zu verzeihen heißt, in der Vergangenheit haften zu bleiben, statt zuzulassen, dass das eigene Leben weitergehen kann.

· Schmerz und Leiden WAREN, sie liegen in der Vergangenheit. Du allein entscheidest, wie du HEUTE darüber denkst.

· Vergeben ist unser Recht darauf, uns nicht mehr von der Vergangenheit quälen zu lassen.

· Wir haben nur zwei Arten von Menschen in unserem Leben: Freunde und Lehrer.

· Wenn du es alleine nicht schaffst zu verzeihen, hol dir Hilfe: Sei es dir wert.

· Verzeihe vor allem auch dir selbst. Wir sind nicht perfekt, und Fehler sind erlaubt.

ÜBUNG

Dr. Luskin entwickelte als Leiter des Verzeihen-Projekts der Universität Stanford ein wissenschaftlich überprüftes Vergebungstraining, bestehend aus neun Schritten:

· Gehe in Gedanken noch mal die kränkende oder verletzende Situation durch. Wie hast du dich dabei gefühlt? Sprich aus, was genau an der Situation nicht in Ordnung war. Sprich mit vertrauten Personen über deine Erfahrung.

· Versprich dir selbst, dich von nun an besser zu fühlen. Beim Verzeihen geht es um dich und niemand anderen.

· Zu verzeihen bedeutet nicht, das Verhalten des anderen zu ent-schuldigen. Du verzeihst, um inneren Frieden zu finden und Abstand zu gewinnen und damit die Kränkung nicht mehr persönlich nehmen zu müssen.

- Mache dir bewusst, dass deine jetzige Traurigkeit durch deine heutigen Gedanken an die seelische Verletzung verursacht wird, nicht durch die zwei Minuten oder auch zehn Jahre alte Kränkung an sich.

- Wende eine beruhigende Atem- oder andere Entspannungsübung an, sobald deine Gedanken um alte Verletzungen kreisen. So verhinderst du die Ausschüttung von Stresshormonen.

- Hör auf, vom Leben oder anderen Menschen etwas zu erwarten, das sie dir nicht geben wollen. Sei dir bewusst, dass du zwar für Gesundheit, Liebe, Freundschaft und Wohlstand etwas tun, sie aber nicht einfordern kannst. Du wirst weiterhin leiden, wenn du Dinge erzwingen willst, die nicht in deiner Macht stehen.

- Konzentriere deine Energie darauf, deine (Lebens-) Ziele auf anderen Wegen zu erreichen, als auf denen, auf denen du verletzt worden bist.

- Blicke nach vorne! Lecke keine alten Wunden und gib nicht auf diese Weise dem „Verletzer" weiterhin Macht über dich. Konzentriere dich stattdessen auf positive Ziele und die schönen Dinge im Leben. Wenn du ein glückliches Leben lebst, ist das die beste Rache.

- Ändere deinen Blick auf die Vergangenheit, sodass du dich immer wieder selbst daran erinnern kannst, dass du dich dafür entschieden hast, zu vergeben – das ist großartig.

Deine Aufgabe für

heute und morgen

Wem kannst du heute endgültig etwas verzeihen? Denk dabei nicht nur an großes Unrecht, sondern auch an die kleinen Stacheln, die tief sitzen: Eine ungeschickte Bemerkung oder hat dich vielleicht jemand bei einem Termin versetzt? Diese Dinge wirklich zu verzeihen, bringt dich schon einen großen Schritt weiter und macht dich letztlich glücklich und frei.

Was dir dabei hilft:

· Werde dir bewusst, dass das Verzeihen in erster Linie dir selbst nützt. Lass nicht zu, dass der Groll dich auffrisst. Verfasse einen Brief an den Menschen, dem du meinst, nicht verzeihen zu können. Drücke darin alle Gefühle aus, die du in der Sache jemals hattest oder hast. Dann zerreiße oder verbrenne den Brief und lass damit symbolisch den Schmerz los.

· Stelle dir den Menschen vor, dem du noch nicht verzeihen konntest. Lass sein Bild vor deinem geistigen Auge ein paarmal nacheinander schrumpfen, schwarz-weiß und durchsichtig werden, bis es schließlich ganz verblasst.

· Oder stelle dir den Menschen vor, der dich verletzt hat, und schicke ihm Herzen bzw. male in Gedanken ein großes Herz um ihn.

Sich selbst zu lieben, ist der Beginn einer lebenslangen Romanze.

Oscar Wilde

SETZ DEN FOKUS AUF DICH SELBST!

Wer sich um sich selbst kümmert und seine Bedürfnisse wahrnimmt, gilt in unserer Gesellschaft oft als egoistisch. Geschätzt wird derjenige, der sich für andere aufopfert und seine eigenen Bedürfnisse zurückstellt. Deshalb versuchen viele von uns, jedem und allem gerecht zu werden: Ob Arbeit, Kinder, Haushalt, Partner oder Freunde – für alles und jeden stehen wir zur Verfügung, nur nicht für uns selbst.

Dabei ist es erwiesen, dass du erst dann, wenn du achtsam mit dir selbst umgehst und auf dich selbst schaust, auch über die inneren Ressourcen verfügst, um deine Arbeit gut zu machen, dich auch um andere kümmern kannst.

Vielleicht hilft dir das Flugzeugbeispiel dabei, dir das deutlich zu machen: Stell dir vor, du bist mit deiner Familie im Flugzeug unterwegs, und aufgrund eines plötzlichen Abfalls des Luftdrucks im Flugzeug wird es notwendig, die Sauerstoffmasken aufzusetzen. Wenn du nun erst deinem Partner, deinen Kindern und deinen Nachbarn die Masken aufsetzen möchtest, wirst du selbst innerhalb kürzester Zeit bewusstlos sein, da du nicht mehr genügend Sauerstoff zum Atmen hast. Setzt du jedoch zuerst dir selbst die Sauerstoffmaske auf, kannst du allen anderen um dich herum helfen, weil du selbst dank der Sauerstoffmaske gut versorgt bist.

> Der wichtigste Augenblick in deinem Leben ist jetzt, der wichtigste Ort in deinem Leben ist hier, und der wichtigste Mensch in deinem Leben bist du.
> Jochen Mariss

Du bist der wichtigste Mensch in deinem Leben – wer sonst, es ist DEIN Leben! Das hat eben nichts mit Egoismus zu tun, sondern heißt nur, dass du dich selbst genauso wichtig nimmst wie andere und deine eigenen Bedürfnisse nicht stets den Bedürfnissen anderer unterordnest. „Liebe deinen Nächsten wie dich selbst." Nur dann kannst du für andere ein Segen sein.

Du bist nicht überzeugt und kannst dir gar nicht vorstellen, dass es erlaubt oder richtig sein soll, zu dir selbst nett zu sein, mit dir selbst Mitgefühl zu haben, wenn du Fehler machst oder eine schwere Zeit durchmachst? Meinst du vielleicht sogar, dass die Konsequenz aus zu viel Eigenliebe wäre, dass du faul und egoistisch werden würdest? Die Frage ist, ob denn die bei vielen von uns ganz normale ständige Selbstkritik wirklich hilfreich ist. Werden wir bessere Menschen, wenn wir uns ständig unsere Fehler und vermeintlichen Unzulänglichkeiten vorhalten?

Im Gegenteil: Wir fühlen uns unzureichend und unsicher, sind noch mehr gestresst und lassen zusätzlich noch unseren Frust an den uns nahestehenden Menschen aus. Für Kristin Neff, Professorin an der Universität von Texas, Austin (USA), und Autorin von „Selbstmitgefühl: Wie wir uns mit unseren Schwächen versöhnen und uns selbst der beste Freund werden", die sich wissenschaftlich mit dem Thema beschäftigt, brauchen wir für wahrhaftes Selbstmitgefühl vor allem eine Kombination von drei Dingen:

- zum einen Freundlichkeit uns selbst gegenüber. Wir sollten mit uns selbst freundlich und verständnisvoll sein, statt kritisch und richtend;
- zum anderen das Gefühl, dass auch andere Menschen das Leben auf die gleiche Weise erleben wie wir. Wir dürfen uns also der Verbundenheit mit anderen stärker bewusst sein, statt uns durch unser Leiden isoliert und ausgeschlossen zu fühlen;
- und zuletzt Achtsamkeit für ein bewusst ausgeglichenes Erleben der Welt, statt unseren Schmerz zu ignorieren oder zu übertreiben.

Mit dieser Form von Selbstmitgefühl kommen wir zur Ruhe. Wir müssen uns nicht mehr ständig fragen, ob wir wohl so gut wie die anderen oder auch nur gut genug sind. Wir fühlen uns sicherer, angenommener und lebendiger. Natürlich braucht es etwas Zeit, um die Gewohnheit, uns ständig selbst zu kritisieren, abzulegen. Doch letztlich müssen wir dafür nur etwas entspannter werden, dem Leben zugestehen, so zu sein, wie es ist, und unser Herz für uns selbst öffnen – was unser Leben auf jeden Fall verändern wird.

Auch um gute (Liebes-)Beziehungen zu anderen zu haben, brauchst du zunächst Selbstmitgefühl, also ein gutes Verhältnis zu dir selbst. Wie kannst du erwarten, dass dich jemand liebt, wenn du dich selbst nicht ausstehen kannst? Nur Menschen, die sich selbst „lieben, achten und ehren" sind auch in der Lage, eine liebevolle Langzeitbeziehung zu ihrem Partner aufrechtzuerhalten.

· Dich selbst zu lieben, bedeutet auch, weniger auf Bestätigung von außen angewiesen zu sein. Es bedeutet, dass du dich nicht mehr verbiegen musst, um anderen zu gefallen.

· Dich selbst zu lieben heißt, dass du keinen Besitz anhäufen musst, um etwas zu gelten. Es heißt, andere so zu lassen, wie sie sind und dabei deinen eigenen Weg gehen zu können.

· Dich selbst zu lieben bedeutet, dass du auch dann deinen eigenen Weg gehen kannst, wenn niemand sonst an dich glaubt, da du weißt, was gut für dich ist und du an deine Entscheidungen glaubst.

· Dich selbst zu lieben, heißt schließlich auch, mit dir selbst im Reinen und authentisch zu sein.

Bei all den Vorteilen, die es mit sich bringt, wenn wir uns selbst lieben und annehmen, wie wir sind, stellt sich die Frage, was uns davon abhält? Da sind wir dann wieder bei unserer inneren Stimme, die uns einreden will, dass wir erst bestimmte Bedingungen erfüllen müssten und irgendwie zu sein hätten, um uns gut fühlen zu dürfen.

Grundsätzlich ist es ja sinnvoll, das eigene Verhalten zu hinterfragen und es durchaus selbstkritisch unter die Lupe zu nehmen. *Du bist genug!* Schwierig wird es jedoch, wenn wir diese Kritik pauschal äußern, also Sätze zu uns sagen wie „Du bist immer so ungeschickt!" oder „Alle anderen machen das besser!". Wer sich ständig selbst kritisiert, läuft Gefahr, entweder in die Perfektionismusfalle zu gehen oder im Gegenteil gar nichts mehr auf die Reihe zu bringen, weil er sich hoffnungslos überfordert fühlt.

Schau dir einmal an, wie du dich deiner besten Freundin bzw. deinem besten Freund gegenüber verhältst. Verlangst du von ihr / ihm, perfekt zu sein, oder ist er / sie genau so richtig, wie er / sie ist? Ist er / sie „genug"? Behandle dich ebenso, und sei dir immer wieder bewusst, dass du nicht nur genau richtig bist, so wie du bist, sondern dass auch du genug bist: genug als Freundin, Partner, Mutter, Arbeitskollege, als was auch immer!

Wann hast du dich das letzte Mal so richtig wohl in deiner Haut gefühlt?

Erinnere dich an einige Situationen in deinem Leben, in denen du dich selbst geliebt hast, mit dir selbst glücklich und zufrieden warst, so wie du bist. Wann hast du dich das letzte Mal komplett wohlgefühlt in deiner Haut? In welchen Momenten bist du froh, dass du genau so bist, wie du bist?

Wenn du eine oder mehrere Situationen gefunden hast, in denen du dich mit dir selbst völlig im Einklang gefühlt hast, dann gehe noch mal in diese Situation hinein: Sieh, was du gesehen hast, höre, was du gehört hast, und fühle, wie du dich gefühlt hast. Drehe die Farben deines inneren Films auf, mache die Leinwand riesengroß und merke, wie das gute Gefühl immer stärker wird. Wenn du dann meinst, besser kann es nicht mehr werden, dann genieße das tolle Gefühl, dich selbst zu lieben und mit dir vollkommen im Reinen zu sein, und presse deinen Daumen und Zeigefinger fest zusammen. Mach das immer wieder mal. Wenn du zu einem anderen Zeitpunkt das Gefühl hast, nicht liebenswert oder nicht genug zu sein, dann presse deinen Daumen und Zeigefinger zusammen und spüre, wie das gute Gefühl in dir wieder aufsteigt.

Achte im Alltag bewusst darauf, dir selbst Gutes zu tun. Sei gut zu deinem Körper und deinem Geist. Lerne deine eigenen Stärken kennen und setze diese um – beruflich und privat. Genieße die Tätigkeiten, bei denen du in einen Flow-Zustand gerätst, also Zeit und Raum um dich herum vergisst – egal, ob das für dich beim Garteln oder Lesen, beim Sport oder Basteln in der Werkstatt ist (siehe Tag 5 und 6). Aus diesen Tätigkeiten ziehst du ungeheuer viel Kraft für dich selbst und hast dann auch wieder Kraft für die Menschen um dich herum.

Setze dich in deinem Leben an die erste Stelle, liebe, achte und ehre dich, schaue, dass es dir gut geht, und sei so dann von größtem Nutzen auch für die anderen.

Sei gut zu dir selbst, Gott hat nur ein Exemplar von dir erschaffen.
Elisabeth Mittelstädt

Zum Abschluss möchte ich dir noch die Rede von Charlie Chaplin anlässlich seines 70. Geburtstags am 16. April 1959 mit auf den Weg geben:

Als ich mich selbst zu lieben begann,

habe ich verstanden, dass ich immer und bei jeder Gelegenheit zur richtigen Zeit am richtigen Ort bin und dass alles, was geschieht, richtig ist – von da an konnte ich ruhig sein.

Heute weiß ich: Das nennt man **VERTRAUEN.**

Als ich mich selbst zu lieben begann,

konnte ich erkennen, dass emotionaler Schmerz und Leid nur Warnungen für mich sind, gegen meine eigene Wahrheit zu leben.

Heute weiß ich: Das nennt man **AUTHENTISCH SEIN.**

Als ich mich selbst zu lieben begann,

habe ich aufgehört, mich nach einem anderen Leben zu sehnen, und konnte sehen, dass alles um mich herum eine Aufforderung zum Wachsen war.

Heute weiß ich, das nennt man **REIFE.**

Als ich mich selbst zu lieben begann,

habe ich aufgehört, mich meiner freien Zeit zu berauben, und ich habe aufgehört, weiter grandiose Projekte für die Zukunft zu entwerfen.

Heute mache ich nur das, was mir Spaß und Freude macht,

was ich liebe und was mein Herz zum Lachen bringt, auf meine eigene Art und Weise und in meinem Tempo.

Heute weiß ich, das nennt man **EHRLICHKEIT.**

Als ich mich selbst zu lieben begann,
habe ich mich von allem befreit, was nicht gesund für mich war, von Speisen, Menschen, Dingen, Situationen und von allem, das mich immer wieder hinunterzog, weg von mir selbst.
Anfangs nannte ich das „gesunden Egoismus",
aber heute weiß ich, das ist **SELBSTLIEBE.**

Als ich mich selbst zu lieben begann,
habe ich aufgehört, immer recht haben zu wollen, so habe ich mich weniger geirrt.
Heute habe ich erkannt: Das nennt man **DEMUT.**

Als ich mich selbst zu lieben begann,
habe ich mich geweigert, weiter in der Vergangenheit zu leben und mich um meine Zukunft zu sorgen.
Jetzt lebe ich nur noch in diesem Augenblick, wo ALLES stattfindet,
so lebe ich heute jeden Tag und nenne es **BEWUSSTHEIT.**

Als ich mich zu lieben begann,
da erkannte ich, dass mich mein Denken armselig und krank machen kann.
Als ich jedoch meine Herzenskräfte anforderte, bekam der Verstand einen wichtigen Partner.
Diese Verbindung nenne ich heute **HERZENSWEISHEIT.**

Wir brauchen uns nicht weiter vor Auseinandersetzungen, Konflikten und Problemen mit uns selbst und anderen fürchten, denn sogar Sterne knallen manchmal aufeinander, und es entstehen neue Welten.
Heute weiß ich: **DAS IST DAS LEBEN.**

Tag 23 24

KURZ UND KNAPP

- Nur wenn du achtsam mit dir selbst umgehst und auf dich schaust, verfügst du auch über die inneren Ressourcen, um deine Arbeit gut zu machen und dich auch um andere zu kümmern.

- Wer sich selbst annimmt und liebt, der kommt zur Ruhe und muss sich nicht mehr ständig fragen, ob er wohl so gut wie die anderen oder auch nur gut genug sei.

- Wie kannst du erwarten, dass dich jemand anderes liebt, wenn du dich selbst nicht ausstehen kannst?

- Wer sich ständig selbst kritisiert, läuft Gefahr, entweder in die Perfektionismusfalle zu gehen oder im Gegenteil gar nichts mehr auf die Reihe zu bringen, weil er sich hoffnungslos überfordert fühlt.

- Behandle dich so wie deinen besten Freund.

- Erlebe und genieße bewusst die Momente im Leben, in denen du schon vollkommen im Reinen mit dir bist.

ÜBUNG

Wenn du dich das nächste Mal für ein Verhalten von dir schämst oder in irgendeinem Bereich deines Lebens das Gefühl hast, nicht gut genug zu sein. Dann nimm dir einen Moment Zeit, um es aufzuschreiben und genau zu beschreiben, welches Gefühl du genau dabei hast: Macht es dich traurig oder wütend? Ist es dir peinlich?

Dann stelle dir vor, eine liebe Freundin, die du genau so magst, wie sie ist, hätte dir einen Brief mit genau dem Inhalt geschrieben, den du davor für dich aufgeschrieben hast. Nimm dir nun ein Blatt Papier und stelle dir vor, du würdest ihr zurückschreiben. Was würdest du ihr schreiben, damit sie sich besser fühlt? Was würdest du deiner Freundin über das sagen, was sie an sich nicht mag? Vielleicht fällt dir auch etwas ein, was sie tun könnte, um ihre Schwäche leichter zu akzeptieren?

Bewahre den Brief an einem Ort auf, an dem nur du ihn wieder findest. Wenn du dich das nächste Mal über dein vermeintlich peinliches Verhalten ärgerst, lies dir den liebevollen „Brief an deine Freundin" wieder durch.

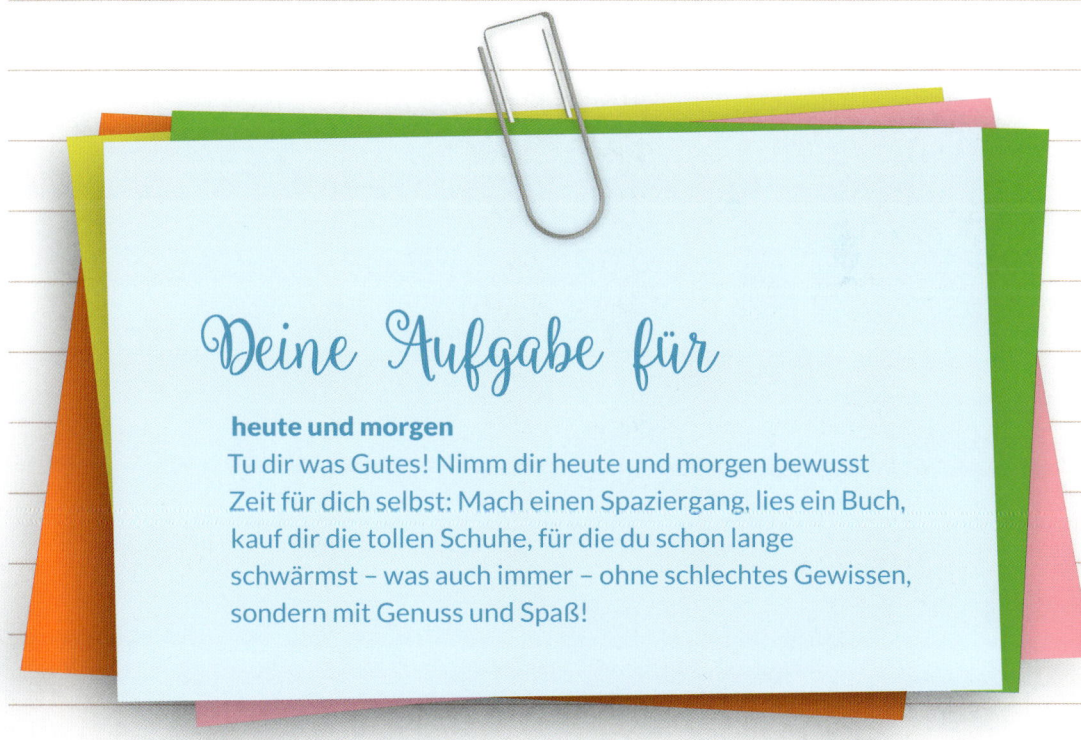

Deine Aufgabe für

heute und morgen
Tu dir was Gutes! Nimm dir heute und morgen bewusst Zeit für dich selbst: Mach einen Spaziergang, lies ein Buch, kauf dir die tollen Schuhe, für die du schon lange schwärmst – was auch immer – ohne schlechtes Gewissen, sondern mit Genuss und Spaß!

Jeder würde sein eigenes Leben gleich viel schöner finden, wenn er aufhörte, es mit dem Leben der Leute von nebenan zu vergleichen.

DIE SACHE MIT DEN ÄPFELN UND DEN BIRNEN

Der dänische Philosoph Søren Kierkegaard hat schon vor fast 200 Jahren festgestellt: „Das Vergleichen ist das Ende des Glücks und der Anfang der Unzufriedenheit." Wieso das? Grundsätzlich ist Vergleichen ja nichts Schlechtes. Im Gegenteil: Es gibt uns Orientierung im Leben, zeigt uns, wo wir stehen. Ohne Vergleiche könnten auch keine Ungerechtigkeiten aufgedeckt werden. Wir vergleichen uns entweder mit Menschen, die vermeintlich etwas nicht so gut können wie wir oder in einem Bereich schlechter gestellt sind als wir, machen also einen Abwärtsvergleich, oder wir vergleichen uns mit Menschen, die schon das haben oder erreicht haben, wo wir gerne hinwollen (Aufwärtsvergleich). Beim Aufwärtsvergleich geht es uns meistens darum, uns zu verbessern, und beim Abwärtsvergleich entweder darum, unser Selbstwertgefühl aufzupolieren oder auch darum, uns bewusst zu machen, dass wir gar nicht so schlecht dastehen. Beides ist generell in Ordnung.

Vergleichen macht dich aber dann unglücklich, wenn du deinen eigenen Wert als Mensch von einem Vergleich abhängig machst, bei dem du schlechter abschneidest. Es ist also nicht der Vergleich selbst, der dich unglücklich macht, sondern die Schlussfolgerung, die du daraus ziehst, nämlich minderwertig zu sein. Wenn jemand z. B. sagt: „Mein Kollege verdient für die gleiche Arbeit mehr als ich", ist das an sich noch kein Problem, schmerzhaft ist es dann, wenn daraus die Schlussfolgerung folgt, dass der Kollege mehr finanzielle Anerkennung und Wertschätzung erhält als man selbst. Wenn du sagst, dass eine Bekannte die Figur eines Models hat, ist das einfach schön für sie – solange du aus dieser Aussage nicht die Schlussfolgerung ziehst, selbst ohne Modelfigur weniger wert zu sein.

Interessanterweise ist der Neid, der ja bei Vergleichen mit anderen entsteht, oft gegenseitig, das heißt, dass genau diese Menschen, auf deren Lebensstil, Aussehen, Arbeit oder was auch immer wir neidisch sind, ebenso missgünstig wie bewundernd auf unser Leben und unser Glück schielen. Das wurde sogar wissenschaftlich und statistisch von dem amerikanischen Sozialpsychologen Ed Diener nachgewiesen.

In vielen anderen wissenschaftlichen Studien wurde darüber hinaus nachgewiesen, dass für die meisten Menschen nicht ihre absolute Position im Leben entscheidend ist. Viel wichtiger ist ihnen, wo sie im Vergleich zu ihren Freunden, Kollegen und Nachbarn stehen. Dies erklärt auch, warum reichere Menschen zwar zufriedener mit ihrem Leben sind als ärmere, aber steigender Wohlstand eine Gesellschaft nicht glücklicher macht.

Diese Vergleiche sind jedoch fatal, da es immer jemanden auf der Welt gibt, der mehr verdient, schlanker ist oder bessere Fähigkeiten in einem bestimmten Bereich hat. Dass es mindestens ebenso viele Menschen gibt, die weniger verdienen, dicker sind oder etwas nicht so gut können wie wir selbst, wird von uns dabei geflissentlich übersehen.

Vielleicht geht es aber auch manchmal nur darum, dich von der Vorstellung zu lösen, dass, wenn das eine gut ist, das andere automatisch schlecht sein muss. Nur weil ein Mensch in seiner Arbeit aufgeht und unzählige Stunden hineininvestiert, ist es nicht schlecht, wenn ein anderer Mensch das nicht tut und z. B. sehr bewusst darauf achtet, viel Freizeit zu haben. Beides ist gut und hoffentlich richtig für die Menschen, die sich jeweils so entschieden haben.

> Wenn ein *Mensch* nur glücklich sein wollte, wäre dies nicht so schwer, aber er will glücklicher als andere sein, und dies ist fast immer schwer, denn wir stellen uns die anderen glücklicher vor, als sie sind.
>
> Charles de Secondat, Baron de Montesquieu

Was aber hilft uns konkret dabei, mit dem Vergleichen aufzuhören?

- Oft vergleichen wir uns ganz unbewusst und automatisch mit anderen. Diesen Automatismus dürfen wir unterbrechen. Beobachte dich genau, und achte darauf, wann und in welchen Situationen du beginnst, dich zu vergleichen.
- Wenn du bemerkst, dass du dich vergleichst, sage dir in Gedanken laut STOPP!

- Überlege dir dann, was gerade dein persönlicher Grund dafür war, dich zu vergleichen. Was liegt dahinter? Brauchtest du vielleicht eigentlich gerade Anerkennung oder Wertschätzung?
- Wertschätze dich selbst und konzentriere dich auf deine Stärken (vgl. Tag 23 und 24). Wenn du dich, dein Aussehen und deine Fähigkeiten gut und richtig findest, dann dürfen andere auch mehr verdienen, besser aussehen oder ein größeres Auto fahren als du. Das wertet dich als Mensch dann nicht ab: Du bist, was DU bist. Andere sind, was SIE sind. Du kannst den anderen gönnen, was sie haben, und dich mit ihnen darüber freuen.
- Akzeptiere, dass weder du noch sonst irgendjemand auf der Welt perfekt ist.
- Mache niemanden schlecht: Jemanden schlechtzumachen, ist ein Bumerang, der irgendwann zu dir zurückkommt. Es ist sogar wissenschaftlich erwiesen, dass Menschen verstärkt mit den Merkmalen wahrgenommen werden, mit denen sie eine andere Person beschreiben. Gönnst du also mit Freude anderen, was sie haben, kommt dieses auch zu dir zurück.

> Man muss nicht unbedingt das Licht des anderen ausblasen, um das eigene leuchten zu lassen.
> Phil Bosmans

Ein sinnvoller Vergleich ist allerdings der Vergleich mit dir selbst. Vergleiche dein „altes Ich" mit dem heutigen. Nimm deine eigenen Startbedingungen als Maßstab, um zu beurteilen, was du aus dir und deinem eigenen Leben gemacht hast. Frag dich:

- Habe ich das erreicht, wovon ich früher geträumt habe, oder bin ich zumindest auf dem Weg dorthin?
- Habe ich mich auf meinem Weg zu meiner Zufriedenheit weiterentwickelt?
- Was mache ich aus mir und meinen Talenten und Fähigkeiten?
- Gehe ich meinen eigenen Weg, ohne danach zu fragen, wie andere leben oder was sie von mir erwarten könnten?

- Was ist mir wirklich wichtig? Was sind meine Werte, was ist mein Ziel, meine Vision, meine Berufung im Leben?

Wenn du beim Beantworten der Fragen merkst, dass du auf dem richtigen Weg bist, sei stolz auf dich und freue dich über deine Fortschritte. Wenn du bemerkst, dass du von deinem erträumten Weg abgekommen bist – auch gut. Dann hast du nun die Möglichkeit, deinen Kurs zu korrigieren, dein Verhalten zu überprüfen und dich neu auszurichten – ganz unabhängig davon, was andere tun, haben oder wie sie leben.

Du bist, was DU bist. Andere sind, was SIE sind. Gönne den anderen, was sie haben, und freue dich mit ihnen darüber.

KURZ UND KNAPP

· Grundsätzlich ist Vergleichen nichts Schlechtes. Im Gegenteil, es gibt uns Orientierung im Leben und zeigt uns, wo wir stehen.

· Interessanterweise ist der Neid, der ja bei Vergleichen mit anderen entsteht, oft gegenseitig, das heißt, dass genau diese Menschen, auf deren Lebensstil, Aussehen, Arbeit oder was auch immer wir neidisch sind, ebenso missgünstig bzw. bewundernd auf unser Leben und unser Glück schielen.

· Für die meisten Menschen ist nicht ihre absolute Position im Leben entscheidend. Viel wichtiger ist ihnen, wo sie im Vergleich zu ihren Freunden, Kollegen und Nachbarn stehen – und dieser Vergleich ist fatal.

· Oft reicht es schon, unsere Unterschiedlichkeit anzuerkennen: Nur weil wir verschiedene Lebensstile haben, ist nicht unbedingt der eine richtig und der andere falsch.

· Ein sinnvoller Vergleich ist der Vergleich mit dir selbst. Nimm deine eigenen Startbedingungen als Maßstab, um zu beurteilen, was du aus dir und deinem eigenen Leben gemacht hast.

ÜBUNG

Stehst du vor einer Entscheidung, die dir nicht leichtfällt (zum Beispiel, ob du deine Arbeitsstelle wechseln sollst) und bist hin- und hergerissen, wie du dich entscheiden sollst? Dann wird dir die folgende Übung helfen, deinen Frieden damit zu machen. Der Einfachheit halber nenne ich die zwei Entscheidungsmöglichkeiten, die du hast „A" (stünde im Beispiel für „Arbeitsstelle wechseln" und „B" (stünde im Beispiel für „alte Arbeitsstelle behalten).

· Setze dich hin, breite deine Arme aus und lege gedanklich „A" in deine rechte und „B" in deine linke Hand.

· Schau dir nun „A" an. Was ist an „A" gut, was gefällt dir daran? Wie gut fühlt sich „A" für dich an?

- Überlege dir, was du noch brauchen würdest, damit sich „A" wirklich gut anfühlt? In unserem Beispiel bräuchtest du für einen Arbeitsstellenwechsel vielleicht noch die Sicherheit, dass du dort mit netten Kollegen zusammenarbeiten kannst oder dass dich die neue Stelle nicht überfordert). Lege alles, was du brauchst, gedanklich in deine rechte Hand zu „A" dazu – so lange, bis sich „A" richtig gut anfühlt.

- Dann sieh dir „B" in deiner linken Hand an. Was ist gut an „B"? Was gefällt dir daran, und wie gut fühlt sich „B" für dich an?

- Überlege dir, was du noch brauchen würdest, damit sich „B" wirklich gut anfühlt? In unserem Beispiel müsstest du vielleicht an deiner bisherigen Arbeitsstelle einen neuen Aufgabenbereich zugeteilt bekommen, mehr Gehalt bekommen oder im Homeoffice tätig sein können. Lege alles, was du brauchst, gedanklich in deine linke Hand zu „B" hinein – so lange, bis sich „B" richtig gut anfühlt.

- Fühle nun, wie gut sich „A" und „B" jetzt anfühlen. Überprüfe, ob sich beide Alternativen jetzt wirklich gleich gut anfühlen — falls nicht, lege nochmals etwas nach, bis es passt.

- Führe dann deine beiden Hände zusammen, lege sie an dein Herz und genieße das gute Gefühl und den inneren Frieden.

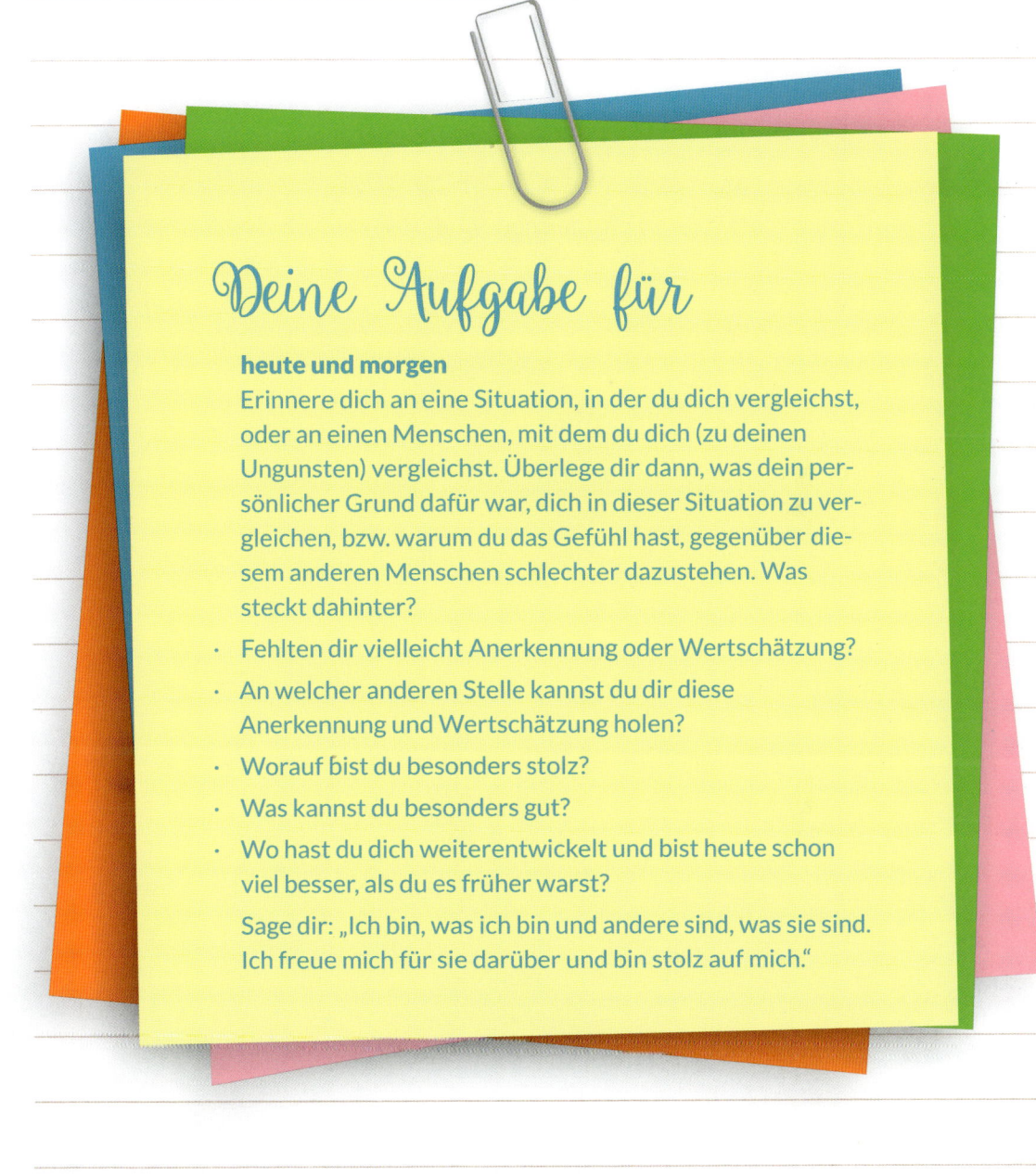

Deine Aufgabe für

heute und morgen

Erinnere dich an eine Situation, in der du dich vergleichst, oder an einen Menschen, mit dem du dich (zu deinen Ungunsten) vergleichst. Überlege dir dann, was dein persönlicher Grund dafür war, dich in dieser Situation zu vergleichen, bzw. warum du das Gefühl hast, gegenüber diesem anderen Menschen schlechter dazustehen. Was steckt dahinter?

· Fehlten dir vielleicht Anerkennung oder Wertschätzung?

· An welcher anderen Stelle kannst du dir diese Anerkennung und Wertschätzung holen?

· Worauf bist du besonders stolz?

· Was kannst du besonders gut?

· Wo hast du dich weiterentwickelt und bist heute schon viel besser, als du es früher warst?

Sage dir: „Ich bin, was ich bin und andere sind, was sie sind. Ich freue mich für sie darüber und bin stolz auf mich."

Sehr schnell wird aus einem Nicht-jetzt ein Niemals.

Martin Luther

LEG EINFACH LOS: EINEN PERFEKTEN ZEITPUNKT GIBT ES NICHT

Wie oft hast du dir schon gedacht: „Wenn erst einmal Winter ist … die Kinder aus dem Haus sind … ich in Pension bin … die Arbeit abgeschlossen ist …, dann lasse ich es mir richtig gut gehen, dann kann ich Spaß haben und glücklich sein."

Wir benehmen uns oft so, als hätten wir nicht nur das eine, sondern mehrere Leben. Im ersten erfüllen wir unsere Pflicht und erledigen alles, was von uns verlangt wird, rennen den vermeintlich wichtigen Sachen hinterher und dann, wenn wir alles erledigt haben, dann holen wir unser zweites Leben vom Dachboden herunter und genießen das Leben. Doch solange du nicht an Wiedergeburt glaubst, steht dir ein solches zweites Leben leider nicht zur Verfügung.

Wir rechnen auch so gerne mit der durchschnittlichen Lebenserwartung von rund 80 Jahren und denken uns, wie viele Jahre uns da noch bleiben, um zu genießen. Aber wir wissen es nicht – unser Leben könnte morgen schon vorbei sein. Wenn in deinem Umfeld ein Mensch in jungen Jahren stirbt, dann hast du vielleicht selbst auch schon auf einmal so eine gewisse Unruhe verspürt, ein „Eigentlich sollte man das Leben genießen". Aber „eigentlich" und „man" bringen uns nicht weiter. Wenn du „eines Tages wirklich glücklich" sein willst, warum solltest du dann warten und nicht sofort damit beginnen?

> Während wir aufschieben, hastet das Leben an uns vorbei.
> Seneca

Hör auf, auf die perfekten Umstände dafür zu warten oder zu glauben, du selbst wärst noch nicht „richtig", um glücklich zu sein. Unser Perfektionismus ist eines der Dinge, die uns am meisten vom Glücklichsein abhalten. Doch weder die Welt noch wir Menschen sind perfekt und werden es nie sein. Wir glauben, eine Sache erst perfekt machen zu müssen oder perfekt sein zu müssen, um loszulegen. Statt also anzufangen, verschieben und verschieben wir, bis wir es schließlich ganz sein lassen.

Erlaube dir selbst, menschlich zu sein, Fehler zu haben und zu machen. Gehe liebevoll und mild mit dir um, an den Tagen 23 und 24 haben wir schon davon gesprochen. Du bist genau richtig so, wie du bist, und hast damit auch jederzeit und sofort das Recht, glücklich zu sein. Du hast inzwischen gelernt, dass dafür keine anderen Umstände erforderlich sind, sondern dass das Glück in deinem Kopf wohnt.

Du kannst dich entscheiden, welchen Weg du in deinem Leben gehen willst, welche Erinnerungen du am Ende deines Lebens haben willst und welche Erinnerungen du in den Herzen anderer Menschen hinterlassen möchtest.

Wann hast du das letzte Mal etwas Neues ausprobiert?

Wenn du viele Erinnerungen haben willst, dann darfst du auch viele neue Sachen ausprobieren, denn unser Gehirn erinnert sich vor allem an herausragende Dinge, den Alltag vergisst es schnell, die Erinnerungen verschwimmen. Wenn sich dein Leben über Wochen nur zwischen Aufstehen, Arbeitsweg, Arbeit, Heimkommen, Essen und Schlafengehen abspielt, wird die Zeit für dich verschwimmen – alles erscheint dir gleich.

Um dein Leben also zumindest gefühlt zu verlängern, darfst du immer wieder Neues erleben, um so deinem Gehirn „Erinnerungsanreize" zu geben.

Nur weil wir eine Stimme in unserem Kopf hören, müssen wir noch lange nicht auch auf sie hören!

Darüber hinaus lohnt es sich noch aus einem ganz anderen Grund, neue Erfahrungen zu machen, denn unsere Glaubenssätze werden durch unsere Erfahrungen im Leben bestimmt. Wie wichtig unsere Glaubenssätze für uns und die Art, wie wir unser Leben erleben, sind, haben wir ja bereits besprochen. Willst du in deinem Leben etwas ändern, darfst du zuerst deine dich einschränkenden Glaubenssätze ändern, und das fällt dir dann besonders leicht, wenn du die Erfahrung gemacht hast, dass du dir das, was du selbst denkst, nicht immer glauben darfst.

Denkst du z. B. von dir selbst, dass du nicht kochen kannst, und zauberst dann in einem Kochkurs ein hervorragendes Dreigängemenü, machst du die Erfahrung, dass du doch kochen kannst. Damit kannst du den Glaubenssatz „Ich kann nicht kochen" über Bord werfen. Stell dir einmal vor, wie mächtig neue Erfahrungen erst sind, wenn es nicht nur um das Kochen, sondern vielleicht um das Glücklichsein, die Liebe, deinen Erfolg oder Ängste in deinem Leben geht …

Neues zu erleben, macht uns auch ganz einfach glücklich, denn wenn wir Neues ausprobieren, werden die Regionen im Gehirn, die das Dopamin, unser Glückshormon, ausschütten, besonders aktiv, und wir werden mit Glücksbotenstoffen nahezu überschüttet. Dafür musst du auch nicht gleich alleine die Antarktis durchqueren, sondern gehe doch einfach mal zu einer Veranstaltung, zu der du normalerweise nicht gehen würdest, oder wähle im Restaurant eine Speise, die du noch nie gegessen hast. Oder mach etwas, das du schon immer mal tun wolltest: Vielleicht „erledigst" du sogar einen Punkt auf deiner Löffelliste?

Erstelle deine Löffelliste

Du kennst die Löffelliste nicht? Dann wird es höchste Zeit, sie kennenzulernen. Die Löffelliste ist eine Liste, auf der du all die Dinge aufschreibst, die du gerne noch erleben willst, bevor du „den Löffel abgibst". Diese Idee stammt nicht von mir, sondern ist aus dem wundervollen Film „Das Beste kommt zum Schluss" mit Jack Nicholson und Morgan Freeman.

Du kennst die Löffelliste nicht? Dann wird es höchste Zeit, sie kennenzulernen.

Schreibst du dir deine Löffelliste und machst dich dann bewusst daran, die Dinge, die du dir aufgeschrieben hast, auch zu erleben, machst du die Erfahrungen, von denen wir oben gesprochen haben, nicht nur zufällig, sondern mit Absicht. Damit kannst du ganz bewusst deine Glaubenssätze ändern und damit deinem Leben eine neue Richtung geben – und zwar genau die, in die du willst. Das Erstellen der Löffelliste zeigt dir außerdem auch, was dir im Leben tatsächlich wirklich wichtig ist: was dein Weg, was dein „Warum" des Lebens ist.

Du selbst drehst den Film deines Lebens: Welche Bilder willst du am Ende sehen? Die, auf denen du deinen Pflichten nachrennst, unglücklich und schlecht drauf bist und immer nur das tust, was andere vermeintlich von dir erwarten? Oder möchtest du in deinem Film strahlen vor Glück, Spaß haben, großartige Dinge erleben, mit Freunden und Familie lachen und das Leben mit all seinen wundervollen Möglichkeiten genießen? Wie viel Zeit deines Filmes möchtest du den tollen Dingen des Lebens widmen und wie viel den negativen? Und stell dir vor, andere Menschen würden den von dir gedrehten Film deines Lebens später im Kino sehen können: Was hättest du gerne, dass sie dann von dir sehen? Wie würdest du gerne sein, wie sollte dein Leben sein? Du bist der Regisseur und kannst jeden Tag an deinem Film schreiben.

> Egal, wo du heute stehst: Im Film deines Lebens, dessen Regisseur du bist, ist es nie zu spät für ein Happy End.

Dein Leben ist ein Geschenk, das gelebt werden will. Doch leider steht an den Gräbern vieler Menschen neben den trauernden Verwandten und Freunden auch tieftraurig und verschleiert deren ungelebtes Leben. Lass bitte nicht zu, dass das auch bei dir der Fall ist.

Deswegen

- höre auf, alles auf später zu verschieben;
- tue die Dinge, die du schon immer mal gerne machen wolltest, auch tatsächlich;
- lebe dein Leben wirklich, und zwar genau so, wie du es willst – es ist dein Leben!

Tag 27/28

KURZ UND KNAPP

- Wir benehmen uns oft so, als hätten wir nicht nur das eine, sondern mehrere Leben.

- Perfektionismus ist eines der Dinge, die uns am meisten vom Glücklichsein abhalten.

- Statt Dinge einfach anzufangen, verschieben und verschieben wir sie, bis wir sie schließlich ganz sein lassen.

- Neues zu erleben, verlängert gefühlt unser Leben, weil wir mehr Erinnerungen haben.

- Unsere Erfahrungen bestimmen unsere Glaubenssätze. Neue Erfahrungen schenken uns neue und bessere Glaubenssätze und damit ein ausgefüllteres Leben.

- Welche Bilder soll der Film deines Lebens zeigen? Du bist der Regisseur und hast es in der Hand, wie viele gute Momente dein Film hat. Egal wo du stehst: Es ist nie zu spät für ein Happy End!

- Lebe dein Leben!

ÜBUNG: SCHREIBE DEINE LÖFFELLISTE

Mach ein Brainstorming und hol dir Inspiration.

- Die Löffelliste ist DEINE Liste, es darf also alles darauf, was du für dein Leben toll fändest – egal wie verrückt oder wie unrealistisch es dir vielleicht erscheinen mag. Um überhaupt mal einen Eindruck davon zu bekommen, was für Dinge andere Menschen auf ihre Löffellisten schreiben, kannst du dir auch gerne Hilfe holen, zum Beispiel aus dem Internet: Gib einfach „Löffelliste" oder „bucket list" ein, schwelge in den Bildern und Träumen anderer Menschen und hol dir Ideen oder auch „Das-wollte-ich-ja-auch-schon-immer-mal-machen-Momente". Es gibt im Internet sogar die Möglichkeit, seine persönliche Löffelliste online zu (er-)stellen.

- Nimm dir Zeit für deine Liste. Such dir einen gemütlichen, ungestörten Ort, mach dir vielleicht dazu eine Tasse Tee oder trinke ein Glas Wein und lasse deinen Gedanken freien Lauf. Schreib dir mindestens 50, besser 100 Dinge auf. Gerne kannst du auch Bilder dazu gestalten. Vielleicht macht ja auch eine Freundin oder dein Partner mit?

- Hänge dir deine Liste so auf, dass du sie regelmäßig sehen kannst. Je öfter du die Liste oder die Bilder siehst, umso besser wird dein Unterbewusstsein auf die Erreichung deiner Träume programmiert.

- Leg los! Am besten, du suchst dir fix für jeden Monat, alle drei Monate oder welcher Zeitraum auch immer für dich gut geht, einen Punkt deiner Liste, den du erleben und „abhaken" kannst.

- Such dir Unterstützer: Erzähle deinem Partner und/oder deinen Freunden davon. Vielleicht habt ihr ja gleiche Wünsche und könnt sie gemeinsam erleben? Der Gruppenzwang hilft dir außerdem dabei, dann auch wirklich in die Umsetzung zu kommen.

Deine Aufgabe für

heute und morgen

Was kannst du ganz konkret heute und morgen Neues ausprobieren? Gehe zum Beispiel auf ein Konzert von einer Band, die du nicht kennst. Traue dich, eine neue Sportart auszuprobieren oder schreibe dich für ein Seminar ein. Buche ein Krimidinner oder mach sonst irgendetwas Verrücktes und hab Spaß dabei.

Wenn du ein glückliches Leben willst, verbinde es mit einem Ziel, nicht mit Menschen oder Dingen.

Albert Einstein

SETZ DIR GROSSE ZIELE

Was uns auch noch sehr glücklich macht, ist, erfolgreich zu sein in dem, was wir tun, und unseren eigenen Weg zu gehen.

Für viele Menschen heißt, erfolgreich zu sein, mehr von allem zu haben, höher hinaus zu kommen, schneller als andere zu sein, weiter zu kommen als andere. Doch das ist nicht das, was Erfolg, der uns auch nachhaltig glücklich und zufrieden macht, ausmacht. Erfolg heißt, die eigenen Ziele, die den eigenen Werten entsprechen, zu erreichen – wie auch immer diese aussehen mögen.

Als Erstes darfst du dafür herausfinden, was du von Herzen gerne tust, was wirklich deinen Talenten entspricht, woran du voll und ganz glaubst.

Erfolg ist das Erreichen deiner eigenen Ziele — wie auch immer sie aussehen mögen.

Erinnerst du dich noch an den Flow, über den wir an den Tagen 5 und 6 gesprochen haben? Die Tätigkeiten, bei denen du komplett die Zeit vergisst? Das sind die Tätigkeiten, auf die du achten darfst. Denn immer in den Bereichen oder bei den Tätigkeiten, bei denen du versinkst, dort, wo dich etwas fasziniert, begeistert oder dein Interesse weckt, bist du auf deinem Weg. Denn für nachhaltigen und glücklich machenden Erfolg brauchst du eine persönliche Vision, die dich begeistert und mit Leidenschaft erfüllt. Aus dieser lassen sich dann die Zwischenziele ableiten, über die du Schritt für Schritt deiner großen Vision näherkommst.

95 Prozent der erwachsenen Bevölkerung haben überhaupt kein bestimmtes Ziel in ihrem Leben. Wenn du aber deine persönliche Vision gefunden hast, gehörst du damit schon zu den fünf Prozent der Gesellschaft, die dem Rest vieles voraushaben: Du weißt, was du willst, und das ist eine wesentliche Voraussetzung für Zufriedenheit, Erfolg und ein glückliches, selbstbestimmtes Leben. Ziele sind wie ein Kompass für unser Leben: Sie legen die Richtung fest, wie unser Leben verlaufen soll, und machen unsere Erfolge messbar.

Wichtig ist dabei, dass du dir Ziele setzt, die deinen Werten entsprechen. Werte sind grundlegende Prinzipien, die dir selbst besonders wichtig sind. Ziele, die deinen eigenen Werten entgegengesetzt sind, wirst du nicht erreichen können oder sie werden dich nicht glücklich machen. Du darfst dir also zunächst einmal überlegen, was deine eigenen Werte überhaupt sind:

· Gesundheit,
· dein Betrieb
· Familie,
· finanzieller Reichtum,
· beruflicher Erfolg,
· Freiheit,
· Sicherheit,
· Flexibilität und Zuverlässigkeit,
· Liebe zum Partner,
· Zeit für mich selbst,
· Freunde,
· Sport,
· Gleichklang,
· Abwechslung
· Hobbies,
· Loyalität,
· Dankbarkeit,
· Großzügigkeit,
· Kreativität oder
· Religion.

In welche Reihenfolge bringst du zum Beispiel diese Werte für dich selbst? Was ist dir persönlich wichtig? Welches sind deine Werte? Schreibe sie dir auf und bringe sie in die für dich stimmige hierarchische Reihenfolge. Es gibt übrigens keine richtigen oder falschen Werte –, unsere Wertelisten sind so individuell wie wir selbst. Wichtig ist nur, dass du ehrlich mit dir bist und dir vielleicht auch überlegst, was hinter dem Wert steht, den du dir aufschreibst. So steht vielleicht hinter einem Bedürfnis, viel Geld zu haben, tatsächlich der Wert der Unabhängigkeit oder persönlichen Freiheit.

Entscheidend ist auch, dass du dir mal ehrlich ansiehst, ob du deine Werte auch tatsächlich lebst. Wie viele von uns geben als einen der wichtigsten Werte ihre Familie an und gehen gleichzeitig (freiwillig) einer Arbeit nach, bei der sie ihre Kinder unter der Woche gar nicht und am Wochenende nur wenig sehen, nur um befördert zu werden und damit etwas mehr Geld zu verdienen? Noch mal, es gibt keine richtigen und falschen Werte. „Berufliche Erfüllung" ist ein toller Wert und darf für

> Lebst du *im Einklang* mit deinen Werten, so kannst du jeden Tag glücklich sein und deinen Weg zu deinem großen Ziel jeden Tag genießen.

dich auch vor der Familie stehen, das ist vollkommen in Ordnung. Nicht in Ordnung ist aber, dich dann selbst (oder andere) in die Tasche zu lügen und zu behaupten, die Familie stünde für dich an erster Stelle.

Ein weiterer Grund, warum es so wichtig ist, deine Werte zu erkennen, ist, dass sie dir erlauben, unabhängig vom Erreichen deiner Ziele glücklich zu sein. Solange du deine Werte nicht kennst, wirst du ständig Gefahr laufen, dein eigenes Glück vom Erreichen deiner Ziele abhängig zu machen. Ist dein Ziel zum Beispiel, ein großes Haus mit Garten zu haben, und du erreichst dieses Ziel in zehn Jahren, dann bist du in zehn Jahren sicherlich sehr glücklich. Aber möchtest du wirklich zehn Jahre lang mit dem Glücklichsein warten?

Sind deine Werte für dich klar, dann kannst du auf Basis deiner Werte und der Dinge, die dich begeistern, deine Vision entwickeln, formulieren und vor allem auch aufschreiben. Dafür gibt es einige Tipps, die ich dir gerne vorstellen möchte:

Tipps zur Zielformulierung

· Grundvoraussetzung ist natürlich, dass dein Ziel selbst erreichbar ist, also von dir selbst umgesetzt werden kann. „Ich möchte, dass mein Partner sich verändert" ist also leider kein geeignetes Ziel, auch wenn wir das immer wieder gerne hätten …

· Gehe genau in das Ergebnis deines Ziels, stelle dir genau vor, wie es ist, wenn du es erreicht hast. Sieh dich selbst also mit zum Beispiel zehn Kilo weniger, wie du an deinem neuen Arbeitsplatz sitzt oder was auch immer du erreichen möchtest.

· Formuliere dein Ziel klar und konkret und bleibe dabei im Ergebnis, nicht im Prozess. Das heißt, die Formulierung lautet zum Beispiel „am 30. Juni wiege ich 60 Kilogramm" und nicht „ich möchte abnehmen". Entscheide dich, was genau du willst – Klarheit ist 80 Prozent des Erfolges! Bei kleinen Dingen wie einer Pizzabestellung fällt es uns ganz leicht, genau zu sagen, was wir wollen („Bitte eine Pizza mit Schinken und Pilzen, aber statt des Schinkens lieber Salami und zusätzlich noch Peperoni und bitte Knoblauch-Mayonnaise, aber auf einem Extrateller …"). Wie viel wichtiger sollte es uns sein, es für die uns im Leben wirklich wichtigen Dinge ganz genau zu wissen – oder?

Ziele immer nach dem Mond: Wenn du ihn nicht erreichst, landest du immer noch unter den Sternen.
Less Brown

· Durch die Genauigkeit deines Ziels weißt du dann auch ganz genau, wann du es erreicht hast.

· Formuliere dein Ziel positiv. Damit lenkst du deinen Fokus schon auf den Soll-Zustand, also auf das, was du gerne in deinem Leben hättest, statt auf das, was du nicht mehr möchtest. Außerdem haben positive Zielformulierungen eine viel größere Anziehungskraft, setzen schöpferische Kräfte frei und motivieren.

· Formuliere dein Ziel gegenwärtig, also „Ich habe …" statt „Ich werde haben …". Auf dein Unterbewusstsein wirkt dein Ziel dann schon, als wäre es bereits erreicht. Das verändert deine Einstellung, an ein Scheitern ist für dich gar nicht mehr zu denken!

- Ein Punkt, der mir sehr wichtig ist, ist, dass du deine Ziele so groß machst, dass sie gerade noch erreichbar sind. Wir überschätzen oft, was in einem Jahr möglich ist, aber wir unterschätzen, was in zehn Jahren möglich ist. Außerdem verlierst du ein wirklich großes Ziel auch dann nicht aus den Augen, wenn sich mal ein paar Herausforderungen zwischen dich und dein Ziel schieben sollten. Wirklich große Ziele sind es auch, die uns auf Dauer begeistern und deren Verwirklichung schon auf dem Weg Spaß macht.

- Habe auch Geduld für die Verwirklichung deines großen Ziels, deiner Vision. Bei all den Erfolgsgeschichten um uns herum übersehen wir oft die Durststrecken, die Menschen, die wir bewundern, überwinden mussten, bis sie dort waren, wo sie jetzt sind. Du musst deine Vision nicht von heute auf morgen umsetzen. Begrenze dich aber auch nicht gleich wieder selbst durch das, was du selbst oder andere für realistisch und möglich halten. Wenn die großen Erfinder der Glühbirne, der Flugzeuge oder des PCs sich immer an das gehalten hätten, was andere für realistisch hielten, säßen wir heute noch im Dunkeln, würden auf der Titanic nach Amerika reisen, und dieses Buch wäre mit der Schreibmaschine geschrieben worden. Denke immer daran: Die Erde war auch damals schon rund, als alle sie noch für eine Scheibe hielten.

Sobald du deine Vision entsprechend definiert und aufgeschrieben hast, darfst du dich motiviert an die Umsetzung deiner (Zwischen-)Ziele machen. Dabei hilft dir wiederum das positive Denken, das wir an Tag 7 und 8 trainiert haben. Wie das Glück wohnt auch der Erfolg im Kopf. Ob du glaubst, dass du es schaffst, oder ob du glaubst, dass du es nicht schaffst: Du wirst in jedem Fall Recht behalten!

> Wer wirklich etwas will, findet einen Weg. Wer nicht will, findet Ausreden.
> Willy Meurer

Natürlich lässt positives Denken allein dich nichts erreichen, aber es ist wissenschaftlich erwiesen, dass Erfolg nur zu 20 Prozent aus unseren persönlichen Fähigkeiten kommt, aber zu 80 Prozent aus unserer inneren Überzeugung vom Erfolg.

Schaue dir in diesem Zusammenhang auch noch mal an, was du (insgeheim) über dich selbst denkst:

· Glaubst du, dass du es wert bist, deine Wünsche zu verwirklichen?
· Glaubst du, dass du im Leben etwas erreichen kannst?
· Was denkst du über deine Ziele? Hältst du sie für etwas, das dir zusteht, oder glaubst du, dass du dich mit dem zufriedengeben solltest, was du hast?

Wenn du merkst, dass es da noch Glaubenssätze in dir gibt, die dich von deinem Erfolg abhalten, dann ändere sie. Wie das geht, haben wir uns an Tag 7 und 8 angeschaut.

Da du nun deinen Weg kennst, deine Vision definiert und auf kleine Zwischenziele heruntergebrochen hast, heißt das dann, dass jetzt alles wie geschmiert läuft und du beim Erreichen deines Ziels mit keinerlei Schwierigkeiten mehr zu rechnen hast? Nein, natürlich nicht. Auch die beste Planung wird immer wieder Unwägbarkeiten unterworfen.

Aber du kannst dich darauf vorbereiten: Wenn du dir überlegst, auf welche Schwierigkeiten du stoßen könntest und dir diese vorab durchdenkst, wirst du im Falle ihres tatsächlichen Eintretens nicht von ihnen überrumpelt.

> Der *größte Fehler*, den ein Mensch machen kann, ist, Angst zu haben, einen zu begehen.
> Elbert Hubbert

Das bedeutet für dich, dass du eventuelle Kurskorrekturen rechtzeitig vornehmen kannst, wenn Hindernisse am Horizont auftauchen. Zum anderen kannst du mit klaren positiv motivierten Aktionen dagegensteuern, da du vorbereitet bist, und die Hindernisse schnell erkennen. Auch hier bewährt sich wieder eine große, begeisternde Vision, die du trotz auftauchender Hindernisse immer im Blick hast. Ist dein Ziel zu klein, versperren die Hindernisse den Blick darauf und verleiten damit viele Menschen dazu, frühzeitig aufzugeben. Mache dir bewusst, dass kaum ein Ziel ohne Überwindung von Rückschlägen erreicht wird. Trotzdem wird es Momente geben, in denen dir vielleicht alles zu viel wird und du das Gefühl hast, nicht weiterzukommen. Aber bleibe hier

159

bitte nicht in der Jammerfalle stecken und mache dir damit deine Motivation und Pläne zunichte.

Wenn du mal Jammern möchtest, dann tu es, aber richtig. Nimm dir dafür eine Viertelstunde (am besten nicht unmittelbar in dem Moment, in dem du das negative Gefühl hast, sondern etwas zeitversetzt – da sieht die Welt dann oft auch schon wieder ganz anders aus) Zeit. Rede oder schreibe dir alles von der Seele, was dir nicht passt, Schwierigkeiten oder negative Gedanken macht – exakt eine Viertelstunde lang. Danach ist Schluss! Verbrenne den Zettel bzw. wechsle das Thema. Gehe wieder in das wundervolle Ergebnis deines Ziels, denke daran und fühle, wie gut es sich anfühlen wird, wenn es erst umgesetzt ist –, und konzentriere dich wieder darauf, es zu erreichen.

Treffe auf deinem Weg klare Entscheidungen und dies auch relativ schnell. Hast du dich einmal entschieden, dann bleib dabei. Dir weiterhin ständig zu überlegen, ob vielleicht die andere Alternative doch die bessere gewesen wäre, bringt dich nicht weiter. Und hab keine Angst vor Fehlern: Es gibt keine Fehler, nur Feedback, also Rückmeldungen. Thomas Edison, der Erfinder der Glühbirne, hat nach jahrelangen Versuchen folgenden Satz geprägt: „Ich habe nicht versagt, ich habe nur 1000 Wege gefunden, wie es nicht funktioniert."

Überhaupt stellt sich Untersuchungen zufolge bei bis zu 70 Prozent aller Entscheidungen, die wir im Leben treffen, am Ende heraus, dass man sie besser anders getroffen hätte. Es ist also nicht immer wichtig, WIE du dich entscheidest, sondern vielmehr, DASS du dich entscheidest und dann weitergehst.

Bleibe aber trotzdem in deinem Handeln und Denken flexibel. Albert Einstein meinte einmal: „Wahnsinn heißt, immer dasselbe zu tun und andere Ergebnisse zu erwarten."

- Entwickle die Bereitschaft, Verluste wegzustecken, Fehler zuzugeben und daraus zu lernen.
- Zeige deine Flexibilität, das, was du tust, so lange zu verändern, bis du das bekommst, was du willst. Probiere etwas Neues und schaue,

ob es funktioniert. Wenn ja: perfekt! Wenn nein: Probiere etwas anderes aus!

Falls du wirklich alles probiert hast und einfach nicht weiterkommst, dann ist es vielleicht an der Zeit, dein Ziel nochmals zu überprüfen:

- Ist es noch das, was ich tatsächlich möchte?
- Bin ich noch davon überzeugt, dass das Ziel zu erreichen, etwas ganz Großartiges wäre?
- Stimmt meine Vision noch mit meinen Werten überein, oder haben diese sich vielleicht im Laufe der Zeit verschoben?
- Begeistert mich meine Vision noch?

Auch zu erkennen, dass du ein Ziel nicht mehr erreichen kannst oder willst, ist keine Niederlage, sondern einfach eine sehr wertvolle Erfahrung.

KURZ UND KNAPP

· Erfolg heißt, die eigenen Ziele, die den eigenen Werten entsprechen, zu erreichen – wie auch immer diese aussehen mögen.

· Für nachhaltigen und glücklich machenden Erfolg brauchst du eine persönliche Vision, die dich begeistert und mit Leidenschaft erfüllt.

· Ziele, die deinen eigenen Werten entgegengesetzt sind, wirst du nicht erreichen können, oder sie werden dich nicht glücklich machen.

· Warte mit dem Glücklichsein nicht, bis du deine Ziele erreicht hast. Lebst du im Einklang mit deinen Werten, so kannst du jeden Tag glücklich sein und den Weg zu deinem großen Ziel jeden Tag genießen.

· Stecke dir große Ziele.

· Wie das Glück wohnt auch der Erfolg im Kopf. Ob du glaubst, dass du es schaffst, oder ob du glaubst, dass du es nicht schaffst: Du wirst in jedem Fall recht behalten!

ÜBUNG

„Wunschliste"

Schreibe dir deine Wunschliste auf: Alles, was du dir für dein Leben wünschen würdest, wenn es keine Grenzen geben würde, Geld egal wäre und du keine Angst vor dem Scheitern haben müsstest. Was würdest du tun? Wie wäre dein Leben in „perfekt" in allen Lebensbereichen? Suche nicht nach angeblich realistischen Möglichkeiten oder schränke deine Wünsche sofort ein. Unsere einzige tatsächliche Beschränkung sind die Grenzen, die wir hinsichtlich unserer Fähigkeiten und Potenziale für uns selbst setzen oder akzeptieren – also wünsche drauflos!

„Nach den eigenen Werten leben"

· Nimm die von dir erstellte Wertehierarchie in die Hand und lies sie dir nochmal durch.

- Frage dich jeden Tag: „Wie kann ich heute nach meinen Werten leben?"

- Stehst du vor einer Entscheidung, überlege dir, welche der Möglichkeiten am meisten deinen Werten entspricht.

- Überlege dir abends:

  a) Habe ich heute nach meinen Werten gelebt?

  b) Wurde mein Leben heute bereichert?

  c) Stimmt meine Wertehierarchie noch so, wie sie ist, oder muss ich sie ändern oder einen weiteren Wert hinzufügen?

Deine Aufgabe für

heute und morgen

Schreibe deine Werteliste und sieh sie dir genau an. Wähle die fünf für dich wichtigsten Werte der Liste aus und überlege dir, warum genau diese Werte für dich so wichtig sind. Ist einer deiner fünf Werte zum Beispiel die Familie? Frage dich, warum genau dir die Familie so wichtig ist, und die Antwort wäre vielleicht: „Weil ich dort Liebe spüre." Der zugrunde liegende Wert von „Familie" wäre also für dich „Liebe". Frage bei jedem der fünf wichtigsten Werte so lange „Warum genau ist mir das so wichtig?", bis du auf den jeweiligen zugrunde liegenden Wert kommst. Das sind deine grundlegenden Werte, auf denen du dein Leben, deine Ziele und Visionen aufbauen darfst.

Es ist nicht genug zu wissen, man muss auch anwenden. Es ist nicht genug zu wollen, man muss auch tun.

Johann Wolfgang von Goethe

EPILOG

So, du hast es geschafft: 30 Tage Glückstraining liegen hinter dir, und du hast viel über das Glücklichsein gelesen und gelernt.

Du hast auch verstanden, dass das Glücklichsein mit ein bisschen Mühe von deiner Seite verbunden ist, da du bewusst deine Gedanken steuern darfst. Natürlich gehören zum Glücklichsein auch Vergnügungen, dennoch ist beides nicht gleichzusetzen: Glücklichsein geht tiefer. Das Glücksempfinden bildet das Fundament für dein Leben und sorgt dafür, dass du dich im Alltag wohlfühlst. Es stärkt dich in schweren Zeiten und gibt dir die Freiheit, das Leben jederzeit in vollen Zügen zu genießen.

Ein Mensch kann nur dann wirklich glücklich sein, wenn er seine eigenen höchsten Werte und innigsten Wünsche respektiert. „Daher kann ich dir nicht mit Gewissheit sagen, was dich persönlich letztlich wahrhaft glücklich macht. Das kannst nur du selbst wissen." Glück ist immer individuell, und auch das, was du heute als Glück empfindest, verändert sich im Laufe deines Lebens vielleicht für dich: Du entwickelst dich weiter, deine Einstellungen ändern sich, und es verändert sich auch das, was dich glücklich macht. Deswegen scheint das Glück auch oft so schwer zu fassen zu sein. Doch mit jedem weiteren Schritt wird unser Glücksempfinden tiefer und umfassender.

Das heißt jedoch nicht, dass dann in deinem Leben nur noch „Friede, Freude, Eierkuchen" herrscht. Leider wirst du dieses Buch vollständig perfekt durcharbeiten können, trotzdem in der Zukunft mit der ein oder anderen Herausforderung konfrontiert sein. Auch zutiefst glückliche Menschen müssen manchmal Schmerzen erleiden, Schwierigkeiten oder Ärgernisse überwinden.

Aber ich kann dir versprechen, dass du für den Fall, dass dir einmal etwas Negatives im Leben widerfahren sollte, nachdem du dieses Buch gelesen und die Übungen daraus gemacht hast, bald wieder gefasst und zuversichtlich sein können wirst, um die Herausforderungen deines Lebens zu meistern, um wieder wirklich glücklich sein zu können.

Wir sollten deshalb nicht so sehr darauf schauen, wie wir die Umstände ändern können, sondern vielmehr darauf, uns selbst und unsere Denkweise zu ändern. Alles andere ergibt sich dann von selbst, denn du weißt ja: Worauf wir unseren Fokus legen, davon bekommen wir mehr in unserem Leben.

Jetzt möchtest du vielleicht einwenden, dass es aber schon viel einfacher wäre, wenn sich einfach die Umstände und die anderen Menschen ändern würden … Stimmt, nur so funktioniert es nicht. Wir dürfen tatsächlich am Anfang etwas Mühe investieren, um auf Dauer unsere Denkweise zu ändern. Schließlich haben wir ja jahre- oder gar jahrzehntelang negativ gedacht, da braucht es schon etwas Bewusstheit, um diese Denkweise zu ändern. Aber denk mal darüber nach, wie viel Anstrengung und Energie du in deine Arbeit oder in die Kindererziehung steckst … Sollten du und ein glückliches Leben dir nicht mindestens genauso viel Anstrengung und Energie wert sein? Und wie ich schon ein paarmal gesagt habe, erscheint es uns nur am Anfang neu und ungewohnt, anders zu denken. aber innerhalb kürzester Zeit verselbstständigt sich das neue, positive Denken und du bist von ganz allein bewusster, dankbarer und positiver. Immer öfter wirst du dann auf die Frage „Bist du glücklich?" mit einem strahlenden „Ja, bin ich!" antworten.

Wie glücklich du in deinem Leben bist, ist kein Zufall, sondern eine Folge der richtigen Gedanken und Handlungen: Das Glück wohnt im Kopf.

Ich denke, dass das Meiste von dem, was ich dir in diesem Buch erzählt habe, nichts überraschend Neues für dich ist: Du weißt, was dich glücklich machen würde – vielleicht ganz eindeutig, vielleicht auch nur tief in dir drin.

„Wissen" ist nicht das Gleiche wie „tun". Ansonsten wären wir ja auch alle rank und schlank und sportlich, denn wir wissen schließlich alle, dass wir für unseren Traumkörper einfach weniger essen müssten, als wir verbrauchen, und mit regelmäßigem Training schön definierte Muskeln bekommen würden. Wir wissen es, tun es aber nicht.

So ist es auch mit diesem Training. Du darfst dir immer wieder der beschriebenen Punkte bewusst werden und solltest die entsprechenden Übungen auch wirklich machen. Sind sie dir erst zur Gewohnheit geworden, bestehen die neuen Verknüpfungen im Gehirn, und glücklich zu sein, fällt dir immer noch leichter.

Deshalb:
- Wenn du glücklich sein willst, dann sei es – denn das Glück wohnt im Kopf!
- Lächle viel!
- Denke positiv und sei dankbar für das, was du schon alles Gutes in deinem Leben hast!
- Habe Spaß und sei begeistert von deinem Leben, denn du hast nur das eine!
- Sei mutig und mache und erlebe neue Dinge!
- Höre auf dich selbst und nicht auf das, was andere sagen!
- Schöpfe aus dem Vollen!
- Bleibe dran – gerade in schwierigen Zeiten!
- Und vor allem: Behalte dein Glück nicht für dich, gib es weiter, und es wird sich vermehren!

Auf www.christinewunsch.com hast du auch die Möglichkeit, dich für meine monatlichen Gratistipps einzutragen, und erfährst immer als Erstes, wenn es wieder etwas Neues im Bereich Glücklichsein gibt, oder wir sehen uns auf Facebook oder noch lieber einmal „live" auf einem meiner Vorträge oder Seminare. **Falls du dich noch intensiver mit dem Thema Glücklichsein beschäftigen willst, schau dir doch auch mal meine Online-Kurse an (auch diese findest du auf meiner Homepage). Egal, wie und wo wir uns wiedersehen: Ich freue mich auf dich!**

Alles Liebe,
deine Christine

Dankeschön!

Wir wissen beide, dass Danken glücklich macht, deswegen möchte ich diese Seite noch nutzen, um – aus rein egoistischen Gründen – Danke zu sagen:

- Danke an meine Kinder Hannah, Lukas, Josephine und Benedikt: Ihr seid wundervoll und tragt ganz wesentlich zu meinem Lebensglück bei. Außerdem seid ihr perfekte Trainingspartner, weil ihr mir immer wieder die Gelegenheit dazu gebt, all das, was ich in diesem Buch erzähle, auch in den größten Stresssituationen auf mich selbst anzuwenden.
- Danke meinem Mann Paul, dem besten Ehemann und Vater der Welt: Ohne dich wäre ich nicht ich, und ohne deine Unterstützung könnte ich all das, was ich so „nebenbei" mache, nicht tun!
- Danke auch meinen Eltern, die nicht nur großartige Eltern für mich, sondern auch überaus einsatzfreudige Großeltern für unsere Kinder sind: stets bereit, für die Kinderbetreuung extra aus Bayern nach Südtirol zu fahren.
- Danke auch an den Rest meiner Familie: meiner „Stammfamilie" mit Onkeln, Tanten und Cousins und Mausi und Klaus ebenso wie auch dem angeheirateten Teil mit tollen Schwägerinnen und Schwägern, Nichten und Neffen und meiner Schwiegermutter. Ich bin so froh, euch alle in meinem Leben zu haben!
- Was wäre ich ohne meine Freundinnen? Meine „Hühner" Sabine Nickl, Steffi Nusser und Uli König, Esther Schroffenegger, Angelika Berger, Tine Resch, Carola Falkner, Sonja Laznicka, Anna Frey, Barbara Kessler und Mona und Karola Jering, Birgit Borgward, Melanie Mittermayer, Elke Danners, Theresa Innerebner, Trudi Erschbamer, Monika Pircher, Ulrike Tonner, Heidi Gamper und alle die, die ich hier nicht aufgezählt habe und die mir hoffentlich so verbunden sind, dass sie mir diesen Fehler verzeihen. Ihr seid die Besten!

- Danke auch all den ursprünglich beruflichen Weggefährten, die zu Freunden geworden sind: allen voran Thomas Lösch, Stefan Nicolini und Maria Kuenzer. Natürlich auch all „meinen" Bäuerinnen: Ich durfte und darf so viel von euch lernen und danke euch von Herzen dafür!

- Danke auch den Mitarbeiterinnen des Athesia-Tappeiner Verlags: der Programmleiterin Elke Wasmund, die meine vielen Fragen mit unerschütterlichem Gleichmut beantwortet und mir bei jedem Problem mit Rat und Tat zur Seite stand und den Grafikerinnen Heike Santer und Manuela Schwitzer, die „Das Glück wohnt im Kopf" so wunderschön gestaltet haben.

- Und vor allem auch ein großes Dankeschön an dich als Leser und alle, die mir durch ihre begeisterten Rückmeldungen beweisen, dass auch ich (genauso wie jeder von uns) in der Welt etwas bewegen kann!

LITERATUR

- „Analysis of consumption, poverty and welfare" von Angus Deaton und Daniel Kahnemann
- „Flow – Das Geheimnis des Glücks" von Mihály Csikszentmihály
- „Are Married People Happier? Research Assistant and Writer Stacey Kennelly explores the question about whether married people are happier" von Stacey Kennelly, in „Greater Good", *dem Online-Magazin des Greater Good Science Center der Berkley-Universität.*
- „Das Beste kommt zum Schluss" mit Morgan Freeman und Jack Nicholson, Regie Rob Reiner, 2007
- „Die Glücksformel" von Stefan Klein
- *„Glück" von Wilhelm Schmid*
- „Mit dem Elefant durch die Wand" von Alexander Hartmann
- „Pursuing happiness: The architecture of sustainable change" von Sonja Lyubomirsky, Kennon M. Sheldon und David Schkade
- „Safari des Lebens" von John Strelecky
- „The little book of gratitude" von Robert A. Emmons
- „The roles of outcome satisfaction and comparison alternatives in envy" von Richard Smith, Ed Diener und Ron Garonzik
- „What Makes a Happy Parent?" von Emily Nauman, in: „Greater Good", *dem Online-Magazin des Greater Good Science Center der Berkley-Universität*
- „Altered Traits: Science Reveals How Meditation Changes Your Mind, Brain and Body" von Daniel Goleman und Richard J. Davidson
- „Attitüde" von Ilja Grzeskowitz
- „Be happy, release the power of happiness in you" von Robert Holden
- „Change your life in 7 days" von Paul McKenna
- „Die Cappuccino-Strategie" von Marc A. Pletzer
- „Die Kraft des Verzeihens" von Anna Elisabeth Röcker
- „Die Kunst zu verzeihen. So werfen Sie Ballast von der Seele" von Fred Luskin

- „Gratitude Works! A 21-Day Program for Creating Emotional Prosperity" von Robert A. Emmons
- „I can make you happy" von Paul McKenna
- „Long-running German panel survey shows that personal and economic choices, not just genes, matter for happiness" von Bruce Headey, Ruud Muffels und Gert G. Wagner
- „Mythos oder Medizin" von Irene Berres und Julia Merlot
- „Reich und glücklich: Wie sie alles bekommen, was sie sich wünschen" von John Strelecky und Tim Brownson
- „Selbstmitgefühl: Wie wir uns mit unseren Schwächen versöhnen und uns selbst der beste Freund werden" von Kristin Neff und Gisela Kretzschmar
- „Smile! It's Good for Your Heart" von Stacey Kennelly, in: „Greater Good", *dem Online-Magazin des Greater Good Science Center der Berkley-Universität*
- „The Big five for life" von John Strelecky
- „The How of Happiness: A Scientific Approach to Getting the Life You Want" von Sonja Lyubomirsky
- „5 Dinge, die Sterbende am meisten bereuen" von Bronnie Ware
- „Neurolinguistisches Programmieren: Gelungene Kommunikation und persönliche Entfaltung" von Joseph O'Connor und John Seymour

Dankbarkeitstagebuch

Heute   bin ich dankbar für:

Heute   bin ich dankbar für:

Dankbarkeitstagebuch

Heute   bin ich dankbar für:

Heute   bin ich dankbar für:

Heute   bin ich dankbar für:

Heute   bin ich dankbar für:

Dankbarkeitstagebuch

Heute   bin ich dankbar für:

Heute   bin ich dankbar für:

Heute   bin ich dankbar für:

Heute   bin ich dankbar für:

Dankbarkeitstagebuch

Heute   bin ich dankbar für:

Heute   bin ich dankbar für:

Heute   bin ich dankbar für:

Heute   bin ich dankbar für:

Dankbarkeitstagebuch

Heute   bin ich dankbar für:

Heute   bin ich dankbar für:

Heute   bin ich dankbar für:

Heute   bin ich dankbar für:

Dankbarkeitstagebuch

Heute   bin ich dankbar für:

Heute   bin ich dankbar für:

Heute   bin ich dankbar für:

Heute   bin ich dankbar für:

Dankbarkeitstagebuch

Heute   bin ich dankbar für:

Heute   bin ich dankbar für:

Heute _____ bin ich dankbar für:

Heute _____ bin ich dankbar für:

Dankbarkeitstagebuch

Heute   bin ich dankbar für:

Heute   bin ich dankbar für:

Heute _____ bin ich dankbar für: _____

Heute _____ bin ich dankbar für: _____

Dankbarkeitstagebuch

Heute   bin ich dankbar für:

Heute   bin ich dankbar für:

Heute   bin ich dankbar für:

Heute   bin ich dankbar für:

BILDNACHWEIS

2018
Alle Rechte vorbehalten
© by Athesia Buch GmbH, Bozen
Design & Layout: Athesia-Tappeiner Verlag
Druck: GZH, Zagreb

ISBN 978-88-6839-336-6

www.athesia-tappeiner.com
buchverlag@athesia.it